„Dieser Test ist mit Sicherheit nicht so anstrengend wie die Führerscheinprüfung."

(Bundesinnenminister Dr. Wolfgang Schäuble zum Einbürgerungstest im Interview mit der Stuttgarter Zeitung am 09.07.2008)

Bibliografische Information der Deutschen Nationalbibliothek
Die Deutsche Nationalbibliothek verzeichnet diese Publikation in der
Deutschen Nationalbibliografie; detaillierte bibliografische Daten sind
im Internet über http://dnb.d-nb.de abrufbar.

Herstellung und Verlag: Books on Demand GmbH, Norderstedt
Wichtige Lizenzhinweise befinden sich auf Seite 112 dieses Buches.
© 2008 spinbooks, Petra Glebe
ISBN: 978-3-8370-6961-7

spinbooks
Petra Glebe
Postfach 12 02 32
42332 Wuppertal
www.spinbooks.de
info@spinbooks.de

Inhaltsverzeichnis

Deutschland

Deutschland ist ein in Mitteleuropa gelegener Bundesstaat, der aus den 16 deutschen Ländern gebildet wird. Bundeshauptstadt ist Berlin. Die Bundesrepublik Deutschland ist Gründungsmitglied der Europäischen Union und mit über 82 Millionen Einwohnern deren bevölkerungsreichster Staat, ferner unter anderem Mitglied der Vereinten Nationen, der OECD, der NATO, der OSZE und der Gruppe der Acht (G8). Gemessen am Bruttoinlandsprodukt ist Deutschland die drittgrößte Volkswirtschaft der Welt, nach den Vereinigten Staaten und Japan.

Begriffsgeschichte

Der Begriff Deutschland wird in dieser Form erst seit der Frühen Neuzeit verwendet, beispielsweise in Samuel von Pufendorfs Die Verfassung des deutschen Reiches von 1667. Davor sind nur nicht zusammengesetzte Verbindungen des Attributs deutsch mit Land belegt, beispielsweise in der unbestimmten Singularform ein deutsches Land oder der bestimmten Pluralform die deutschen Länder, nicht aber in der bestimmten Singularform das deutsche Land. Gemeint waren möglicherweise Länder mit einer Führungsschicht, die sich auf den politischen Herrschaftsanspruch bezog, der durch das (Ost-)Fränkische, später Heilige Römische Reich, als begründet angesehen worden war.

Alle diese Ausdrücke wurden auch als Synonym vor allem für die folgenden (vor-)staatlichen Gebilde verwendet, die in wesentlichen Bereichen des deutschen Sprach- und/oder Herrschaftsgebiets entstanden waren:
- Das sogenannte Alte Reich existierte unter starken Wandlungen von etwa 962 bis 1806, hatte sich aus dem Ostteil des in der Spätantike gegründeten Fränkischen Reiches entwickelt und sich anfangs auch als Erneuerung des Römischen Reiches verstanden, später mit den Namenszusätzen Heilig (Heiliges Römisches Reich) und Deutscher Nation (Heiliges Römisches Reich Deutscher Nation) zwischen dem 12. Jahrhundert und 1648 zu einer Art Staatenbund entwickelt.
- Zwischen 1806 und 1815 dominierten Österreich, Preußen und der Rheinbund das staatliche Geschehen im Vorstellungsraum Deutschlands
- Deutscher Bund, 1815–1866, von Österreich und Preußen dominierter Staatenbund
- Mit den modernen bundes- bzw. zentralstaatlichen Staatsformen

seit 1871 wurden große Teile des deutschen Sprachraums in einem Staat zusammengefasst. Der Ausdruck Deutschland wurde, nicht zuletzt durch die Wahl der Staatsbezeichnung Deutsches Reich 1871, identisch mit diesen Staaten:

- Deutsches Reich, 1871–1945, von Preußen initiiert (Bismarck) und dominiert
- Bundesrepublik Deutschland, seit 1949, durch die USA und das Vereinigte Königreich initiiert
- Deutsche Demokratische Republik, 1949–1990, durch die UdSSR initiiert

Aus verschiedenen Gründen traten im Laufe der Jahrhunderte unter anderem die folgenden, überwiegend deutschen Sprachgebiete aus dem Vorstellungsraum der deutschen Länder bzw. Deutschlands heraus oder wurden herausgelöst: in Spätmittelalter und Frühneuzeit die Niederlande (vgl. Ausdruck dutch), mit den Eckdaten 1499 und 1648 die Schweiz, vor allem seit 1648 und 1789 – mit Unterbrechungen – das Elsass und (Nordost-)Lothringen (frz.: Moselle), 1866 und 1945 Österreich. Die Gebiete östlich der Oder-Neiße-Linie (vor allem Schlesien, Pommern und Ostpreußen) kamen ab 1945 unter fremde Verwaltung, 1990 wurde der Anspruch auf die deutschen Ostgebiete aufgegeben.

Trotz der Kontinuität des Begriffes Deutschland vom 17. Jahrhundert bis in die Gegenwart sowie völkerrechtlicher Identität und staatsrechtlicher Kontinuität seit dem 19. Jahrhundert besteht de facto keine durchgehende lineare politisch-historische Entwicklung eines Deutschland. Vielmehr eignet(e) sich der Begriff, vermutlich auch unter Eindruck des französischen Vorbilds, in der Entwicklung der politischen Macht des wohlhabenden Bürgertums als einigende Idee für regionale und lokale Eliten.

Nach dem Ersten Weltkrieg und dem Sturz der Monarchie in der Novemberrevolution am 9. November 1918 wurde diskutiert, mit der Staatsbezeichnung Deutsche Republik oder Republik Deutschland die ausgerufene Staatsform zu unterstreichen, jedoch behielt auch die Weimarer Republik die offizielle Bezeichnung Deutsches Reich bei. Der Begriff Deutschland fand erst 1949 in der Bezeichnung der damals konstituierten Bundesrepublik namentliche Verwendung. Die DDR blieb im gleichen Jahr bei der Verwendung des Attributs deutsch.

Allgemeines

Die naturräumlichen Großregionen sind von Nord nach Süd Norddeutsches Tiefland, Mittelgebirgszone und Alpenvorland mit Alpen.

Deutschland hat insgesamt neun Nachbarstaaten: Dänemark, Polen, Tschechien, Österreich, die Schweiz, Frankreich, Luxemburg, Belgien und die Niederlande. Im Norden grenzt Deutschland an Dänemark (auf einer Länge von 67 Kilometern), im Nordosten an Polen (442 Kilometer), im Osten an Tschechien (811 Kilometer), im Südosten an Österreich (815 Kilometer; ohne Grenze im Bodensee), im Süden an die Schweiz (316 Kilometer; mit Grenzen der Exklave Büsingen, aber ohne Grenze im Bodensee), im Südwesten an Frankreich (448 Kilometer), im Westen an Luxemburg (135 Kilometer) und Belgien (156 Kilometer) und im Nordwesten an die Niederlande (567 Kilometer). Die Grenzlänge beträgt insgesamt 3.757 Kilometer.
Während der wechselvollen Geschichte veränderte sich auch der Mittelpunkt Deutschlands.

Geologie

Auf die Zeit des Paläozoikums (Erdaltertum) gehen die kristallinen Gesteine Deutschlands wie Gneis und Granit zurück, wie sie in den deutschen Mittelgebirgen anzutreffen sind, wie zum Beispiel dem Harz. Auch die Sedimentgesteine des Rheinischen Schiefergebirges stammen aus diesem Erdzeitalter und lagerten sich in der Zeit von Devon und Unterkarbon ab. Die Heraushebung der Gesteine und damit die Gebirgsbildung setzte jedoch erst im späten Pliozän ein. Am Nordrand des Rheinischen Schiefergebirges finden sich Gesteinsschichten aus dem Karbon, in denen die gewaltigen Steinkohlevorkommen im Ruhrgebiet eingelagert sind (Ruhrkarbon).

Im Mesozoikum (Erdmittelalter) wurden jene Gesteinsschichten gebildet, die in zahlreichen süd- und ostdeutschen Regionen überwiegen. In der Pfalz, in Thüringen, Teilen Bayerns und Sachsens wird der Untergrund von Gesteinen der Trias dominiert, des frühen Mesozoikums. Die Juragebirge (vor allem Schwäbische und Fränkische Alb) gehen auf die Jurazeit zurück. Anders als in der Trias in Deutschland, die von Sandstein geprägt ist, herrscht bei den jurassischen Gesteinen der Kalkstein vor.

Im Känozoikum (Erdneuzeit) erfolgte vor allem die Verfüllung der Flussniederungen und -becken.

Aktiver Vulkanismus wird nicht beobachtet, jedoch zeigen vulkanische Gesteine ehemaligen Vulkanismus an. Diese finden sich insbesondere in der Vulkaneifel und auf dem Vogelsberg, aber auch im Bereich des Schwäbischen Vulkans. In der Vulkaneifel treten bis in die Gegenwart Kohlenstoffdioxidquellen (Mofetten) zutage, deren eindrucksvollstes Beispiel der Geysir Andernach ist, der mit 50 bis 60 Metern höchste Kaltwassergeysir der Erde.

Obwohl Deutschland vollständig auf der Eurasischen Platte liegt, kommen schwache Erdbeben vor, insbesondere im Bereich der Riftzonen im Südwesten und Westen (Oberrheingraben, Rheingraben, Hohenzollerngraben).

Geomorphologie

Das Faltengebirge der Alpen ist das einzige Hochgebirge, an dem Deutschland Anteil hat. Der mit Österreich geteilte Gipfel der Zugspitze (2.962 Meter) ist der höchstgelegene Punkt des Landes.

Die Mittelgebirge nehmen tendenziell von Nord nach Süd an Höhe und Ausdehnung zu. Höchster Mittelgebirgsgipfel ist der Feldberg im Schwarzwald (1.493 Meter), gefolgt vom Großen Arber im Bayerischen Wald (1.456 Meter). Gipfel über 1.000 Meter besitzen außerdem das Erzgebirge, das Fichtelgebirge, die Schwäbische Alb und als Sonderfall der Harz, der sich recht isoliert als nördlichstes Mittelgebirge in Deutschland mit dem Brocken auf 1.142 Meter erhebt. Nördlich der Mittelgebirgsschwelle erheben sich nur noch vereinzelte Formationen über 100 Meter, von denen der Hagelberg im Fläming mit 200 Meter die höchste ist. (Details finden sich in der Liste der höchsten Berge Deutschlands und der Liste der Gebirge und Höhenzüge in Deutschland.)

Die niedrigste begehbare Landesstelle Deutschlands liegt bei 3,54 Meter unter Normalnull in einer Senke bei Neuendorf-Sachsenbande in der Wilstermarsch (Schleswig-Holstein). Ebenfalls in diesem Bundesland befindet sich die tiefste Kryptodepression: Sie liegt mit 39,10 Meter unter Normalnull am Grund des Hemmelsdorfer Sees nord-nordöstlich von Lübeck. Die tiefste künstlich geschaffene Stelle liegt bei 293 Meter unter Normalnull am Grund des Tagebaus Hambach östlich von Jülich in Nordrhein-Westfalen.

Klima, Gewässer

Klima

Deutschland gehört vollständig zur gemäßigten Klimazone Mitteleuropas im Bereich der Westwindzone und befindet sich im Übergangsbereich zwischen dem maritimen Klima in Westeuropa und dem kontinentalen Klima in Osteuropa. Das Klima in Deutschland wird unter anderem vom Golfstrom beeinflusst, der die klimatischen Werte für die Breitenlage ungewöhnlich mild gestaltet.

Der mittlere jährliche Niederschlag (bezogen auf die Jahre 1961–1990) beträgt 700 Millimeter. Die mittlere monatliche Niederschlagsmenge liegt zwischen 40 Millimeter im Februar und 77 Millimeter im Juni.

Die tiefste jemals in Deutschland gemessene Temperatur betrug −45,9 °C; sie wurde am 24. Dezember 2001 am Funtensee registriert. Die bisher höchste Temperatur betrug 40,3 °C und wurde am 8. August 2003 in Nennig im Saarland erreicht. Zum Teil widersprechen sich die Angaben; so lag laut dem Deutschen Wetterdienst die absolute Höchsttemperatur in Deutschland mit gemessenen 40,2 °C am 27. Juli 1983 in Gärmersdorf bei Amberg (Oberpfalz), am 9. August 2003 in Karlsruhe sowie am 13. August 2003 in Freiburg im Breisgau und Karlsruhe.

Gewässer

Die ins Meer mündenden Fließgewässer mit den größten Einzugsgebieten sind Rhein, Donau, Elbe, Oder, Weser und Ems. Sie entwässern entweder in die Nordsee, in die Ostsee oder ins Schwarze Meer, deren Einzugsgebiete durch die europäische Wasserscheide geschieden werden.

Der 865 Kilometer in Deutschland bzw. als Grenzfluss fließende Rhein dominiert den Südwesten und Westen. Seine wichtigsten Zuflüsse sind Neckar, Main, Mosel und Ruhr. Die wirtschaftliche Bedeutung des Rheines ist enorm, er ist eine der am stärksten befahrenen Wasserstraßen Europas. Die Donau im Süden entwässert auf 647 Kilometer fast das gesamte Alpenvorland und fließt weiter nach Österreich und Südosteuropa. Ihre wichtigsten Zuflüsse sind Iller, Lech und Inn. Im Osten Deutschlands befindet sich auf 725 Kilometern die Elbe. Ihre wichtigsten Nebenflüsse sind Saale und Havel. Die Oder tritt ausschließlich als Grenzfluss zu Polen in Erscheinung. Ihr wichtigster Zufluss ist die Neiße. Das Einzugsgebiet der Weser liegt vollständig in Deutschland. Sie speist sich aus den Flüssen Werra und Fulda und entwässert den mittleren Norden. Die Ems fließt im äußersten Nordwesten.

Die natürlichen Seen sind überwiegend glazialen Ursprungs. Daher finden sich die meisten der großen Seen im Alpenvorland und in Mecklenburg; der größte vollständig zum deutschen Staatsgebiet gehörende See ist die Müritz, die Teil der mecklenburgischen Seenplatte ist. Der größte See mit deutschem Anteil ist der Bodensee, an den auch Österreich und die Schweiz grenzen.

Im Osten Deutschlands befinden sich viele große, künstliche Seen in ehemaligen Braunkohleabbaugebieten.

Neckar in Heidelberg

Inseln, Böden

Inseln

In der Nordsee dominieren die Inselgruppe der Nordfriesischen Inseln und die Inselkette der Ostfriesischen Inseln. Helgoland und Neuwerk sind ebenfalls bewohnt. Die Nordfriesischen Inseln stellen Festlandsreste dar, die durch Landsenkung und nachfolgende Überflutung von der Küste getrennt wurden. Die Ostfriesischen Inseln sind Barriereinseln, die durch die Brandungsdynamik aus Sandbänken entstanden.

Die größten deutschen Inseln in der Ostsee sind (von West nach Ost) Fehmarn, Poel, Hiddensee, Rügen und Usedom; größte Halbinsel ist Fischland-Darß-Zingst. Mit Ausnahme von Fehmarn sind sie Teil einer Boddenküste.

Die wohl größten und bekanntesten Inseln in Binnengewässern sind Reichenau, Mainau und Lindau im Bodensee sowie Herrenchiemsee im Chiemsee.

Böden

Die Zusammensetzung und Qualität der Böden ist regional sehr unterschiedlich. In Norddeutschland bildet ein küstennaher Gürtel aus fruchtbaren Marschböden die Grundlage für ertragreiche Landwirtschaft, während die dahinter liegende, eiszeitlich geprägte Geest nur sehr magere Böden aufweist. In Heidelandschaften wie der Lüneburger Heide ist dieser durch jahrhundertelange Weidewirtschaft zum Podsol degeneriert, so dass Ackerbau kaum möglich ist. Sehr unergiebig sind auch die Gebiete der Alt- und Jungmoränenlandschaft, in denen sich Flugsand angelagert hat. Brandenburg beispielsweise wurde schon in historischer Zeit als des „Heiligen Reiches Streusandbüchse" verspottet.

Zwischen der Moränenlandschaft und der Mittelgebirgsstufe zieht sich von West nach Ost eine Reihe von Börden: In diesen Gebieten ist durch eiszeitliche Lössablagerungen äußerst fruchtbarer Boden entstanden. Dieser besteht zumeist aus Braunerden, im Osten teils auch aus Schwarzerden und wird in besonderem Ausmaße landwirtschaftlich genutzt. In den Mittelgebirgen herrschen magere Böden vor, die landwirtschaftlich nur extensiv bewirtschaftet werden. Die weitaus größte Fläche ist bewaldet. Ergiebige Böden finden sich in Süddeutschland insbesondere entlang der Flüsse Rhein, Main und Donau.

Bild:
Caspar David Friedrich: Insel Rügen

Natur und Landschaft

━━ ━━ ━━ ━━ ━━ ━━ ━━ ━━ ━━ ━━ ━━ ━━ ━━ ━━ ━━ ━━ ━━

Flora

Da Deutschland in der gemäßigten Klimazone liegt, ist seine Flora von Laub- und Nadelwäldern geprägt. Örtlich weist die Flora in Deutschland eine hohe Diversifikation durch Standortfaktoren des Geländeprofils, der -höhe und -geologie sowie der mesoklimatischen Lage auf. Von West nach Ost kennzeichnet die natürliche Vegetation den Übergang vom Westseitenseeklima zum Kontinentalklima.

Die Laubwälder bestehen meist aus Rotbuchen, daneben sind die heute selten gewordenen Auwälder im Bereich der Flüsse und Seen und Eichen-Buchen-Mischwälder typisch; die Alpen und Mittelgebirge sind geprägt durch Schluchtwald. Der Pionierwald wird, besonders auf sandigen Flächen, vor allem von Birken und Kiefern gebildet. Allerdings werden die früher sehr verbreiteten Laubwälder mittlerweile oft durch Fichtenholzforste ersetzt.

Ohne menschlichen Einfluss würde die Vegetation in Deutschland wie in den meisten Ländern der gemäßigten Breiten auch hauptsächlich aus Wald bestehen. Davon ausgenommen sind die nährstoffarmen Heideniederungen und Moorlandschaften sowie die alpinen (Bayerische Alpen) und subalpinen (Hochschwarzwald, Hochharz und Westerzgebirge) Hochlagen, die äußerst vegetationsarm sind und ihrem Klima kaltgemäßigt ausgeprägt sind.

Derzeit sind 29,5 Prozent der Staatsfläche bewaldet, damit ist Deutschland eines der waldreichsten Länder in der EU, wobei die Baumarten im Wesentlichen durch die angestrebte Nutzung bedingt sind, das heißt der Anteil an Fichten- und Kiefernwäldern entspricht nicht den natürlichen Gegebenheiten, nach denen Buchenmischwälder vorherrschen sollten. Neben den natürlich vorkommenden Pflanzen spielen heute eine Reihe von eingeführten Arten wie die Robinie eine zunehmende Rolle in der Vegetation. Der größte Anteil des unbebauten Landes dient der Erzeugung von Nutzpflanzen. Dies sind überwiegend Getreide (Gerste, Hafer, Roggen und Weizen), die Kartoffel und der Mais, die aus Amerika eingeführt wurden, der Apfelbaum, sowie zunehmend Raps. In den Flusstälern, unter anderem von Mosel, Ahr und Rhein wurde die Landschaft für den Weinanbau umgestaltet.

Fauna

Die meisten in Deutschland heimischen Säugetiere leben in den gemäßigten Laubwäldern. Im Wald leben unter vielen anderen Arten verschiedene Marderarten, Dam- und Rothirsche, Rehe, Wildschweine sowie Füchse. Biber und Otter sind seltener gewordene

Bewohner der Flussauen, mit teilweise wieder steigenden Beständen. Andere ehemals in Mitteleuropa lebende Großsäuger wurden ausgerottet: Auerochse (1846), Braunbär (19. Jahrhundert), Elch (im Mittelalter noch zahlreich), Wildpferd (19. Jahrhundert), Wisent (17./18. Jahrhundert), Wolf (1904). In neuerer Zeit wandern gelegentlich einige Elche und Wölfe aus Polen und Tschechien ein, deren Bestände sich dort wieder vermehren konnten. Speziell im Fall von Wolf und Braunbär ist die Wiederansiedlung jedoch problematisch aufgrund des schlechten Rufs der Tiere.

Vom Wappenvogel Deutschlands, dem Seeadler, gibt es derzeit wieder etwa 500 Paare, vor allem in Mecklenburg-Vorpommern und Brandenburg. Der Steinadler kommt nur noch in den Bayerischen Alpen vor, der ehemals dort heimische Bartgeier wurde dort ausgerottet. Die häufigsten Greifvögel in Deutschland sind derzeit Mäusebussard und Turmfalke, dagegen ist der Bestand an Wanderfalken deutlich geringer. Über 50 % des Gesamtbestandes an Rotmilanen brütet in Deutschland, der Bestand ist aber auf Grund der intensiven Landwirtschaft rückläufig. Dem gegenüber steht eine Vielzahl von Vögeln, die als Kulturfolger von der Anwesenheit des Menschen profitieren, insbesondere die in vielen Städten lebenden Stadttauben, Amseln (frühere Waldvögel), Spatzen und Meisen, für deren Überleben auch die Winterfutter-Industrie sorgt, sowie Krähen und Möwen auf Müllkippen. Eine Besonderheit ist die weltweit nördlichste Flamingo-Kolonie im Zwillbrocker Venn.

Der früher in den Flüssen häufig vorkommende Lachs wurde im Zuge der Industrialisierung im 19. Jahrhundert weitgehend ausgerottet, konnte aber in den 80er Jahren des 20. Jahrhunderts im Rhein wieder angesiedelt werden. Der letzte Stör wurde 1969 in Deutschland gefangen. In vielen Teichen werden die erst von den Römern eingeführten Karpfen gehalten.

Der an der Nord- und Ostseeküste lebende Seehund wurde zeitweise nahezu ausgerottet, mittlerweile gibt es im Wattenmeer wieder einige tausend Exemplare. Das Wattenmeer ist insbesondere im Winter Rastplatz für Vögel aus den nördlichen Breiten.

Zu den lange heimischen Tieren hat sich eine beachtliche Anzahl an Neozoen angesiedelt. Zu den bekanntesten Vertretern gehören Waschbär, Marderhund und Halsbandsittich.

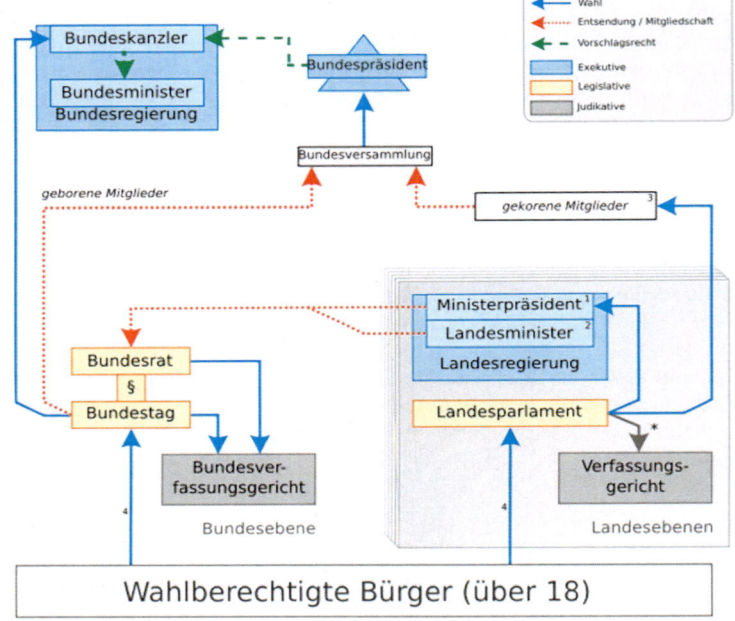

Legend:
- Wahl
- Entsendung / Mitgliedschaft
- Vorschlagsrecht
- Exekutive
- Legislative
- Judikative

Bundeskanzler
Bundespräsident
Bundesminister
Bundesregierung
Bundesversammlung
geborene Mitglieder
gekorene Mitglieder [3]
Ministerpräsident [1]
Landesminister [2]
Landesregierung
Bundesrat
§
Bundestag
Landesparlament
Bundesver-fassungsgericht
Verfassungs-gericht [*]
Bundesebene [4]
Landesebenen [4]

Wahlberechtigte Bürger (über 18)

[1] Der „Ministerpräsident" wird in Bremen *Bürgermeister*, in Hamburg *Erster Bürgermeister* und in Berlin *Regierender Bürgermeister* genannt.
[2] In den Stadtstaaten (Berlin, Hamburg, Bremen) heißen die Landesminister *Senatoren*. In Bayern werden die Minister *Staatsminister* genannt.
[3] Vom Landesparlament gewählte Vertreter des Volkes. Diese müssen nicht dem Landesparlament angehören.
[4] Die Wahlen sind frei, geheim und gleich.
[*] Je nach Bundesland existieren unterschiedliche Regelungen zur Bestimmung der Mitglieder des Verfassungsgerichtes auf Landesebene.

Zum politischen System der Bundesrepublik Deutschland gehören die politischen Institutionen, die politischen Entscheidungsprozesse und die Inhalte der politischen Entscheidungen in Deutschland.

Das politische System Deutschlands ist bundesstaatlich und als parlamentarische Demokratie organisiert. Zentrale Bedeutung besitzen die stark miteinander konkurrierenden Parteien, weswegen Deutschland auch als Parteiendemokratie bezeichnet wird. Die Wahlen werden überwiegend als personalisierte Verhältniswahlen durchgeführt; Zur Regierungsbildung sind deswegen in der Regel Koalitionen der konkurrierenden Parteien nötig. Der Bundestag wählt den Bundeskanzler, der die Richtlinien der Innen- und Außenpolitik auf Bundesebene bestimmt und die Bundesminister vorschlägt. Die Institutionen des Bundes und die Aufgabenverteilung zwischen Bund und Ländern werden durch das Grundgesetz geregelt. Über die Einhaltung des Grundgesetzes, der Bundesverfassung, wacht das Bundesverfassungsgericht.

Grundsätze

Zentrales Merkmal für Deutschland sind die unantastbaren Strukturprinzipien Menschenwürde (Art. 1 Abs. 1 GG), Demokratie, Rechtsstaatlichkeit, Bundesstaatsprinzip (Gliederung in Bundesländer) und das Sozialstaatsprinzip (Artikel 20 GG). Andere in Artikel 20 festgelegte Grundsätze sind die Gewaltenteilung und das Widerstandsrecht.

Jedes Bundesland hat, aufgrund der föderalistisch/bundesstaatlichen Ordnung, seine eigene Exekutive, Legislative und Judikative, wodurch eine zweite Entscheidungsebene entsteht.

Nach Art. 79 Abs. 3 des Grundgesetzes (GG) können die Grundsätze der Art. 1 und 20 GG nicht geändert werden (Ewigkeitsklausel). An die freiheitliche demokratische Grundordnung oder verfassungsmäßige Ordnung sind alle Teilnehmer des politischen Lebens gebunden und sie ist stark geschützt (wehrhafte Demokratie).

Die Rolle der Parteien in Deutschland ist stark ausgeprägt und wird in Art. 21 GG beschrieben. Sie stellen die Kandidaten für politische Ämter und nehmen Einfluss auf die Besetzung der leitenden Positionen in den Verwaltungen, den Gerichten und Staatsanwaltschaften.

Elemente der direkten Demokratie sind in Deutschland auf Bundesebene, mit Ausnahme der Länderneugliederung (Art. 29 GG), nicht vorhanden. Die Möglichkeiten der Teilnahme durch Volksabstimmungen und Bürgerentscheide ist auf der Ebene der Kommunen und Länder eingeschränkt möglich, aber deren Ausgang zum Teil nicht rechtlich bindend.

Parlamentarische Demokratie

Als parlamentarische Demokratie gilt die Bundesrepublik Deutschland deshalb, weil der Regierungschef, also der Bundeskanzler, direkt durch das Bundesparlament, den Bundestag, gewählt wird. Im Gegensatz zu präsidialen Demokratien hat der Bundespräsident fast nur repräsentative Funktionen; er besitzt weder Vetorechte, noch kann er de facto selbst entscheidende Regierungsämter besetzen.

Bundesstaat

In Anlehnung an die lange Tradition großer, mittlerer und kleiner Fürstentümer im Heiligen Römischen Reich Deutscher Nation und im Kontrast zum Einheitsstaat in der Zeit des Nationalsozialismus wurde auf Drängen der alliierten Siegermächte im Grundgesetz Deutschland als Bundesstaat konzipiert, eine Entscheidung, die nach Art. 79 Abs. 3 GG nicht mehr geändert werden kann. Die seit 1946 neu gegründeten Bundesländer in den Westzonen vereinigten sich 1949 zur Bundesrepublik Deutschland. Zu diesem Zeitpunkt besaßen schon alle Länder eigene Landesverfassungen, Landesregierungen, Landtage und Gerichte.

Obwohl es nicht ausdrücklich als Verfassungsgrundsatz genannt wird, soll die Verteilung der Aufgaben nach dem Subsidiaritätsprinzip erfolgen, das heißt die Aufgaben sollen nur vom Bund übernommen werden, wenn dieser sie besser erfüllen kann. Das heißt aber nicht, dass der Bund bereits auf bestimmte (Gesetzgebungs-)Kompetenzen zugreifen kann, wenn er nur erfolgreich darlegen kann, dass er diese effizienter erledigen könne. Die Mehrheit der Kompetenzen in der Gesetzgebung liegen beim Bund; bedeutende Ausnahmen sind das Polizei- und Kommunalrecht sowie die Kultur- und Bildungspolitik. Die Länder übernehmen eigenständig große Teile der Verwaltung und der Rechtsprechung. Eine wichtige Funktion des Bundesstaates ist die einer zweiten Ebene der Gewaltenteilung, die auch als vertikale Gewaltenteilung bezeichnet wird. Der Bundesrat vertritt die Interessen der Landesregierungen auf Bundesebene, der Bundesrat ist aber trotzdem ein Bundesorgan, das heißt seine Befugnisse/Kompetenzen ergeben sich aus Bundes- und keinesfalls aus Landesrecht.

Es wurde immer wieder über eine Reform des Bundesstaates diskutiert, vor allem über eine Zusammenlegung von Ländern, über die Stellung des Bundesrates und über eine Rückgabe von Aufgaben an die Landtage, denen im Laufe der Zeit immer mehr Aufgaben genommen wurden. Eine Reform der föderalen Ordnung Deutschlands muss folglich stets in drei Dimensionen gedacht werden: (1) Kompetenzordnung, (2) Finanzordnung, (3) Neugliederung des Bundesgebiets. Mit der Föderalismusreform 2006 wurde zumindest der Bereich der Bund-Länder-Kompetenzen vergleichsweise umfassend reformiert, eine Neustrukturierung der Finanzordnung steht noch aus.

Wehrhafte Demokratie

Die Verfasser des Grundgesetzes haben aus dem Ende der Weimarer Republik Konsequenzen gezogen und den damals herrschenden Positivismus (alle Regelungen können geändert werden) und einen Teil des Grundgesetzes zu Naturrecht, zu überpositivem Recht gemacht.

Diese Unveränderlichkeit wurde in Art. 79 Abs. 3 GG festgeschrieben und gilt für Artikel 1 GG (Menschenwürde), Artikel 20 GG (Strukturprinzipien) und der Gliederung in Länder, sowie deren Mitwirken bei der Gesetzgebung.

Ein weiterer Ansatz der wehrhaften Demokratie ist die Möglichkeit, Gegnern der verfassungsmäßigen Ordnung Grundrechte abzuerkennen, sowie Parteien und sonstige Vereinigungen zum Schutz der Verfassung zu verbieten. Ein weiteres Mittel zum Schutz sind strafrechtliche Bestimmungen.

Mit den Notstandsgesetzen wurde in Art. 20 Abs. 4 GG als Ultima Ratio noch ein Widerstandsrecht der Bevölkerung »gegen jeden, der es unternimmt, diese Ordnung zu beseitigen« eingeführt.

Grundgesetz als Bundesverfassung

Die Bundesverfassung der Bundesrepublik Deutschland erhielt den Namen Grundgesetz. Dies sollte den provisorischen Charakter hervorheben, da es sich nur um eine Übergangsverfassung bis zur Gründung eines gesamtdeutschen Staates handeln sollte. Der Verfassungsprozess wurde mit Übergabe der Frankfurter Dokumente am 1. Juli 1948 durch die Oberkommandierenden der westlichen Besatzungszonen an die Ministerpräsidenten der dortigen Bundesländer eingeleitet. In diesen Dokumenten wurde ein demokratisches, föderalistisches Regierungssystem und die Garantie der persönlichen Freiheitsrechte gefordert. Die Verfassung wurde durch den Parlamentarischen Rat entwickelt. Der wichtigste Streitpunkt war die Gestaltung der fö-

17

deralen Ordnung. Sie trat am 23. Mai 1949 für die ganze damalige Bundesrepublik Deutschland in Kraft. Das Grundgesetz sollte ursprünglich nur bis zur Herstellung der Deutschen Einheit gelten, wurde aber, nachdem es sich mehr als 40 Jahre bewährt hatte, nach dem Beitritt der bisherigen Deutschen Demokratischen Republik zur Bundesrepublik ohne große Änderungen beibehalten.

Im Grundgesetz wurden die zentralen Bürger- und Menschenrechte bewusst an den Anfang der Verfassung gestellt. Diese Rechte werden in den ersten 19 Artikeln des Grundgesetzes zusammengefasst. Danach beschreibt es den zentralen Aufbau des politischen Systems und legt die Organe des Bundes und deren Kompetenzen und Beziehungen fest. Artikel 79 Absatz 3 schützt das Menschenwürdegebot, den Kern der Menschenrechte, die bundesstaatliche Ordnung der Bundesrepublik und Artikel 20 GG.

Das Grundgesetz kann nur durch eine Zweidrittelmehrheit der Abgeordneten im Bundestag und Bundesrat geändert werden. Über die Einhaltung der Verfassung wacht das Bundesverfassungsgericht.

Legislative auf der Bundesebene

Die Legislative der Bundesrepublik verabschiedet Bundesgesetze und wacht über den Bundeshaushalt. Zur Legislative im Bund gehören der Bundestag und der Bundesrat. Nur die Abgeordneten des Bundestages werden direkt vom Volk gewählt und besitzen damit ein freies Mandat. Die Bundesratsmitglieder besitzen ein sog. imperatives Mandat, das heißt sie sind weisungsgebunden. Auch sind diese Organe im Gesetzgebungsweg unterschiedlich gewichtet. Daher ist der Bundesrat keine mit dem Bundestag gleichwertige zweite Kammer. Die Bundesversammlung als aus den Abgeordneten des Bundestages und Delegierten der Landtage, die diesen nicht angehören müssen, bestehendes Bundesverfassungsorgan wählt den Bundespräsidenten. Auch die Bundesrichter werden durch die Richterwahlausschüsse von Bundesrat und Bundestag gewählt.

Bundestag

Der Bundestag beschließt Bundesgesetze, wählt den Bundeskanzler sowie als Teil der Bundesversammlung den Bundespräsidenten, wacht über den

Bundeshaushalt, kontrolliert die Regierung, beschließt Einsätze der Bundeswehr, bildet Ausschüsse zur Gesetzesvorbereitung und kontrolliert die Nachrichtendienste.

Der Abgeordnete ist zwar nach dem Grundgesetz unabhängig von seiner politischen Partei oder anderen Interessengruppen, betrachtet man jedoch die Verfassungswirklichkeit, sieht man den starken Einfluss der Fraktionsdisziplin. Die Abgeordneten der einzelnen Parteien einigen sich meist vor einem Gesetzesvorhaben auf ein gemeinsames Abstimmungsverhalten. Abweichungen können innerparteilich sanktioniert werden, da die erfolgreiche erneute Kandidatur eines Abgeordneten stark von der Unterstützung seiner Partei abhängt. Hüter der Fraktionsdisziplin ist der Fraktionsvorsitzende.

Bundesrat

Die Mitglieder des Bundesrats werden von den Landesregierungen der Bundesländer entsandt. Er ist kein rein legislatives Organ, da er beispielsweise bei bestimmten Bundesverordnungen Mitspracherecht hat. Er wurde geschaffen, um die Mitwirkung der Bundesländer an Bundesgesetzen zu gewährleisten, wenn diese die Belange der Bundesländer betreffen. Er ist stets beim Gesetzgebungsprozess beteiligt, sein Veto kann jedoch überstimmt werden, wenn ein Bundesgesetz nicht zustimmungsbedürftig ist.

Jedes Bundesland erhält nach der Zahl seiner Einwohner im Bundesrat 3-6 Stimmen, diese Stimmen können pro Bundesland nur einheitlich abgegeben werden. Sind sich die in der Landesregierung des jeweiligen Bundeslandes vertreten Parteien über das Abstimmungsverhalten im Bundesrat uneins, stimmen die Vertreter des Landes üblicherweise mit Enthaltung ab, was jedoch de facto als Neinstimme gilt. Bei Konflikten zwischen Bundesrat und Bundestag kann der Vermittlungsausschuss angerufen werden. Die Sitzungsleitung im Bundesrat hat der Bundesratspräsident inne, der gleichzeitig Vertretung des Bundespräsidenten ist.

Gesetzgebungsprozess

Bundesgesetze können aus der Mitte des Bundestages (Fraktion oder festgelegte Mindestzahl von Abgeordneten) sowie von der Bundesregierung und vom Bundesrat eingebracht werden – letztere müssen sich die Entwürfe jeweils gegenseitig zur Stellungnahme vorlegen, bevor sie dem Parlament zugeleitet werden, und werden meist im Vorfeld in Bundes- und Landesministerien als Referentenentwurf für den Gesetzgebungsprozess vorbereitet. Eingebracht in den Bundestag finden drei Lesungen über die Gesetzesvorlage statt. Nimmt dieser in der Schlussabstimmung die Vorlage in der dritten Lesung an, wird sie an den Bundesrat weitergeleitet. Beruft dieser nicht den Vermittlungsausschuss ein oder lehnt es durch Einspruch ab, kann es in Kraft treten. Ansonsten hängen die Auswirkungen des Votums des Bundesrates davon ab, ob es sich um ein zustimmungsbedürftiges oder ein nicht zustimmungsbedürftiges Bundesgesetz handelt. In der Regel wird (bei nicht zustimmungsbedürftigen Bundesgesetzen vor einem Einspruch) der Vermittlungsausschuss angerufen, dessen Aufgabe es ist, einen Kompromissvorschlag auszuarbeiten, dem Bundestag und Bundesrat zustimmen können. (Wird der Entwurf dabei verändert, muss er zunächst dem Bundestag zur Abstimmung vorgelegt werden, bevor er dem Bundesrat erneut zur Entscheidung vorgelegt wird.) Verweigert der Bundesrat dem Bundesgesetz erneut die Zustimmung, so ist ein zustimmungsbedürftiges Bundesgesetz endgültig gescheitert, während bei einem nicht zustimmungsbedürftigen Bundesgesetz der Bundestag mit einer neuerlichen Abstimmung dieses Votum überstimmen kann. Außerdem kann der Bundesrat seinen Einspruch zurückziehen.

Am Ende des Gesetzgebungsprozesses unterschreibt der Bundespräsident das Bundesgesetz schließlich. Er bestätigt mit dieser Ausfertigung, dass dieses Bundesgesetz in verfassungsgemäßer Form zustande gekommen ist (formelles Prüfungsrecht). Wenn er überzeugt ist, dass das auszufertigende Bundesgesetz dem Grundgesetz zuwiderläuft, wird ihm von etlichen Rechtswissenschaftlern ein materielles Prüfungsrecht zugestanden.

Nach der Ausfertigung wird das Bundesgesetz im Bundesgesetzblatt veröffentlicht und tritt in Kraft.

Bei verfassungsändernden Bundesgesetzen muss in beiden Gremien, Bundesrat und Bundestag, eine 2/3-Mehrheit bestehen.

Die Bundesregierung oder einzelne Bundesminister können auf Basis von Bundesgesetzen Verordnungen erlassen, die – wie Gesetze – staatliches Handeln und den Bürger gleichermaßen binden. Neben Bundesgesetzen haben auch Verordnungen der Europäischen Union in Deutschland direkt Gesetzeskraft. Richtlinien der EU dagegen müssen durch die Bundesgesetzgebung umgesetzt werden.

Regelungen für den Notstand

1968 waren die Notstandsgesetze ein Schritt zur Wiedererlangung der vollen Souveränität und sollten dafür sorgen, dass Deutschland auch in Notsituationen handlungsfähig bleibt. So kann im Verteidigungsfall ein Gemeinsamer Ausschuss aus Bundestag und Bundesrat als Notparlament deren Funktionen übernehmen. Bereits seit Anfang gibt es mit dem Gesetzgebungsnotstand ein Mittel, um eine Blockade durch den Bundestag zu verhindern.

Exekutive auf Bundesebene

Bundespräsident

Das Staatsoberhaupt der Bundesrepublik ist der Bundespräsident. In bewusster Abgrenzung zum Reichspräsidenten der Weimarer Republik hat das Grundgesetz dem Amt des Bundespräsidenten eine relativ schwache Position im politischen Gesamtsystem mit hauptsächlich repräsentativen und formalen Aufgaben und Befugnissen zugewiesen. Die politische Rolle ist auf die eines überparteilichen, für Ausgleich sorgenden Mittlers beschränkt. Selbst diese wurde in der Praxis eher noch geschwächt, beispielsweise bei der Auflösung des Bundestags 1982, als der Bundespräsident nur die Wünsche der handelnden Politiker vollzog. Politische Wirkung erzielt er daher am ehesten mit Ansprachen und Reden, mit denen er gesellschaftliche Diskussionen anstoßen bzw. aufgreifen kann.

Der Bundespräsident wird durch die Bundesversammlung auf fünf Jahre gewählt und kann für eine zweite Amtszeit wieder gewählt werden.

Bundesregierung

Die Exekutive in der Bundesrepublik Deutschland setzt Gesetze und Verordnungen des Staates um. Je nach Gesetzeslage besitzen die Organe der Exekutive Ermessensspielräume. Jeder Bürger hat das Recht, die Verwaltungsakte, also konkretes Handeln der Exekutive, die ihn betreffen, durch die Verwaltungsgerichte überprüfen zu lassen. Die Exekutive ist insbesondere an das Grundgesetz gebunden. Jedem Bürger ist es möglich, nach voll ausgeschöpftem Rechtsweg, im Einzelfall Verfassungsbeschwerde vor dem Bundesverfassungsgericht einzureichen, wenn er sich durch staatliches (exekutives) Handeln in seinen Grundrechten verletzt fühlt. Mitglieder der Exekutive auf Bundesebene sind beispielsweise die Bundesregierung (Bundeskanzler und Bundesminister), Bundesbehörden und deren Beamte, die Bundespolizei, das Bundesamt für Verfassungsschutz, die Bundeswehr und das Auswärtige Amt. Bundeskanzler und Bundesminister bilden zusammen die Bundesregierung der Bundesrepublik Deutschland, umgangssprachlich auch oft Bundeskabinett genannt.

Bundeskanzler

Der Bundeskanzler ist der Regierungschef der Bundesregierung. Er wird durch die Abgeordneten des Bundestages gewählt. Hinter ihm steht meist eine absolute Mehrheit der Abgeordneten die meist durch eine Koalition entsteht und als Kanzlermehrheit bezeichnet wird. Er bestimmt und entlässt die Bundesminister und besitzt nach dem Grundgesetz die Richtlinienkompetenz, bestimmt also die Grundzüge der Bundespolitik. Er kann vor Ablauf seiner Amtszeit nur durch ein konstruktives Misstrauensvotum abgelöst werden und durch eine Vertrauensfrage die Auflösung des Bundestags herbeiführen.

Der Bundeskanzler gilt als eines der politischen Machtzentren der Bundesrepublik. Gestützt auf die Bundestagsmehrheit hat er großen Einfluss auf die Bundesgesetzgebung. Wegen der wichtigen Rolle des Bundesrates in der Gesetzgebung und dem durch das Verhältniswahlrecht bedingten häufigen Zwang zur Koalitionsbildung in der Regierung, ist seine Position allerdings nicht zu vergleichen mit der Machtfülle des britischen Regierungschefs (Premierminister). Insbesondere bei unterschiedlichen Mehrheiten in Bundesrat und Bundestag ist der Bundeskanzler bei der Gestaltung seiner Politik auf weitreichende Kompromisse angewiesen.

Bundesministerium

Die Bundesministerien organisieren die Verwaltung der Bundesebene. Die politische Leitung der Bundesministerien liegt bei den jeweiligen Bundesministern. Neben ihm stehen an der Spitze der Ministerien die Staatssekretäre. Die Sacharbeit in einem Ministerium wird durch Fachreferate geleistet, an deren Spitze die Referatsleiter stehen. Mehrere Referate werden in den Ministerien zu Abteilungen zusammengefasst, die politische Verantwortung für die Arbeit der Abteilungen tragen die Abteilungsleiter. Staatssekretäre und Abteilungsleiter gehören zu den politischen Beamten und können von der Regierung jederzeit in den vorzeitigen Ruhestand versetzt werden.

Auch wenn die Spitze der Bundesministerien politisch bestimmt wird, kann man von relativ autonomem Handeln der Verwaltung ausgehen. Die Meinung und der Wille der Spitzenpositionen der Berufsbeamten (Referatsleiter) kann von der Politik nicht ohne weiteres ignoriert werden. Die Sanktionsmöglichkeiten der Minister sind durch das Beamtenrecht stark beschränkt. Einer großen Zahl Berufsbeamten stehen nur ein kleine Anzahl politischer Leitungspersonen vor. Die politische Kontrolle der Bundesverwaltung ist, verglichen mit den Verwaltungen in anderen Ländern, relativ schwach ausgeprägt. Bedeutend ist das vor allem, da die meisten Gesetzesvorlagen in den Bundesministerien vorbereitet werden. In den meisten Fällen nimmt die Politik erst spät und im geringen Maß auf die konkrete Gestaltung der Bundesgesetze Einfluss.

Der Bundeskanzler bestimmt Anzahl und Kompetenzbereich der Ministerien und die Minister. Meist legen die Parteien in den Koalitionsverhandlungen die Leitlinien fest und bestimmen Minister und Staatssekretäre personell. Zurzeit (2006) existieren 15 Bundesministerien.

Judikative des Bundes

Gerichte werden in Deutschland grundsätzlich nicht von selbst tätig. Sie müssen zur Entscheidung angerufen werden (Dispositionsmaxime im zivil- und öffentlichen Recht, Akkusationsprinzip im Strafrecht). Urteile werden auf der Grundlage von Gesetzen gesprochen. Bundesrichter werden durch den Richterwahlausschuss berufen. Sie sind nicht weisungs-

gebunden. Im Gegensatz dazu unterstehen Staatsanwälte den Justizministern von Bund und Ländern.

Bundesverfassungsgericht

Alle Tätigkeiten des Staates sind an das Grundgesetz gebunden. Über die Einhaltung dieses Grundsatzes wacht das Bundesverfassungsgericht. Jeder Bürger kann staatliches Handeln durch eine Verfassungsbeschwerde auf ihre Grundgesetzmäßigkeit überprüfen lassen. Andere wichtige Aufgaben des Bundesverfassungsgerichts sind die Klärung von Streitfällen zwischen den Staatsorganen (Organstreit) und die Prüfung von Gesetzen auf ihre Verfassungsmäßigkeit (Normenkontrolle). Nur das Bundesverfassungsgericht kann ein Parteiverbot oder die Verwirkung von Grundrechten aussprechen.

Weitere Bundesgerichte

Auf Bundesebene haben die Bundesgerichte die Aufgabe, die Rechtsprechung der Gerichte der Länder zu vereinheitlichen. Für die ordentliche Gerichtsbarkeit ist der Bundesgerichtshof (BGH) die oberste Revisionsinstanz. Als Revisionsinstanz beschäftigen sich die Bundesgerichte im Normalfall nur mit dem Verfahrensablauf und der gesetzmäßigen rechtlichen Würdigung des durch die Gerichte der Länder festgestellten Sachverhalts.

Bundesverfassungsgericht

Jedes Bundesland besitzt ein eigenständiges Regierungssystem. Landesverfassung, Aufbau und Funktion der Landesregierung und die Wahl der Landesparlamente können sich unterscheiden. Gemeinsam ist in allen Bundesländern, dass ihre Landesregierung über den Bundesrat Einfluss auf die Bundespolitik nehmen und dass die Länder viele gemeinsame Gremien gebildet haben, um ihre Arbeit bundesweit zu koordinieren (z. B. Ministerpräsidentenkonferenz, Kultusministerkonferenz oder Innenministerkonferenz).

Legislative: Landesparlamente

Die Landesparlamente werden auf 4 oder 5 Jahre von den Wahlberechtigten des jeweiligen Bundeslandes gewählt. Die Aufgaben bestehen in der Kontrolle der Landesregierung, der Landeshaushalte, bei der Wahl des Regierungschefs, zum Teil bei der Wahl der Minister und in der Gesetzgebung. Wichtig hierbei ist, dass Bundesrecht regelmäßig höher steht als Landesrecht. Die Hessische Verfassung beispielsweise sieht bis heute die Todesstrafe vor, durch das Grundgesetz ist sie jedoch verboten. In manchen Bundesländern (z. B. Bayern) sind auch Volksentscheide über Gesetze möglich. Die Gesetzgebungskompetenz der Bundesländer ist stark eingeschränkt. Nach vielen Grundgesetzänderungen sind die meisten Kompetenzen der Länder auf wenige wichtige Gebiete eingeschränkt worden, allerdings haben die Mitspracherechte der Länder im Bundesrat im Vergleich zu der im Grundgesetz ursprünglich angedachten Funktion ebensostark zugenommen. Schwerpunkte sind die Kompetenzen im Kultur- und Bildungswesen sowie im Gefahrenabwehr- bzw. Polizeirecht. Hinzu kommen die Regelung der für die nur durch die Länder und Kommunen geführten Verwaltung. Die Landesparlamente werden in den 13 Flächenländern Landtag und in den drei Stadtstaaten Bürgerschaft (Bremen, Hamburg) oder Abgeordnetenhaus (Berlin) genannt.

Exekutive: Landesregierung

In jedem Land besteht eine Landesregierung (Deutschland). Der Regierungschef wird in den Flächenländern Ministerpräsident und in den Stadtstaaten Regierender Bürgermeister (Berlin), Präsident des Senats oder Bürgermeister (Bremen), oder Erster Bürgermeister (Hamburg) genannt. Er wird immer vom jeweiligen Landesparlament gewählt. Je nach Bundesland wählen die Landesparlamente auch die Landesminister oder der Ministerpräsident ernennt die Landesminister aus eigener Befugnis. Die Amtszeit des Regierungschefs wird durch die Wahlperiode des jeweiligen Landesparlaments bestimmt (entweder 4 oder 5 Jahre). Die Exekutiven der Länder haben eine sehr große Machtfülle, da sie über den Bundesrat in der Gesetzgebung und Verwaltung des Bundes mitbestimmen können (siehe Zustimmungsbedürftiges Gesetz).

Judikative: Landesgerichte

Insoweit keine Gerichte des Bundes zuständig sind, wird die Rechtsprechung durch Gerichte der Länder ausgeübt (Artikel 92 GG).

Die Rechtsprechung ist in Deutschland in die ordentlichen Gerichtsbarkeiten (Zivilgerichtsbarkeit und Strafgerichtsbarkeit), sowie in die Fachgerichtsbarkeiten des Arbeits-, Finanz-, Sozial- und Verwaltungsgerichtsbarkeit aufgeteilt. Die Gerichte der Bundesländer entscheiden den überwiegenden Anteil der Rechtsprechung letztinstanzlich. Jedes Bundesland (mit Ausnahme Schleswig-Hol-

steins, das diese Aufgabe dem Bundesverfassungsgericht übertragen hat) besitzt ein eigenes Landesverfassungsgericht, das Landesverfassungsgericht, Verfassungsgericht, Verfassungsgerichtshof oder Staatsgerichtshof genannt wird.

Kommunen

Die Volksvertretungen auf der kommunalen Ebene, wie Kreistag und Stadtverordnetenversammlung oder auch Gemeindevertretungen sind keine Organe der Legislative, auch wenn sie exekutive Rechtsnormen in Form von Satzungen schaffen. Staatsrechtlich gehören sie in der Tradition der Stein-Hardenberg'schen Reformen zur Exekutive. Dies findet seinen Ausdruck zum Beispiel auch in ihrer summarischen Bezeichnung als Organe der kommunalen Selbstverwaltung. Gegenüber der Bundes- und Länderebene werden die Kommunen vor allem durch die kommunalen Spitzenverbände vertreten.

Parteiensystem, Bürgerbeteiligung

Parteiensystem

Die Parteien haben in Deutschland eine starke Stellung, so dass teilweise der Begriff Parteiendemokratie zur Bezeichnung des politischen Systems gebraucht wird. Die starke Stellung der Parteien erklärt sich durch ihre Notwendigkeit für eine parlamentarische Demokratie und das (modifizierte) Verhältniswahlrecht. Auf Grund ihrer Bedeutung werden die Parteien in Artikel 21 des Grundgesetzes behandelt.

Das Parteiensystem der Bundesrepublik Deutschland ist seit der Wiedervereinigung Deutschlands durch starke Unterschiede in den ehemals alten bzw. ehemals neuen Bundesländern geprägt. Im Westen dominieren mit der CDU und CSU auf der einen und der SPD auf der anderen Seite jeweils zwei Parteien in einem Bundesland (bisher üblicherweise jeweils mindestens 30 %), während die FDP und/oder Bündnis90/Die Grünen nur einige Prozentpunkte über die Fünf-Prozent-Hürde kommen. In den nordöstlichen Bundesländern hat sich ein Drei-Parteien-System mit SPD, CDU und Linkspartei gebildet. Die Mehrheitsverhältnisse sind seit den 1990er Jahren in den einzelnen Bundesländern stärker schwankend als bis zu dieser Zeit. Die Parteibindung der Wähler zu einer bestimmten Partei hat insgesamt abgenommen.

Die Parteien in Deutschland bauen auf den Landesverbänden auf, und werden nach dem Parteiengesetz auch in den Bundesländern zu den Wahlen zugelassen. Die großen Parteien bilden auf Bundesebene Bundesverbände.

Die konservativen Parteien CSU (in Bayern) und CDU (in den übrigen Bundesländern) arbeiten auf Bundesebene eng zusammen. Beide Parteien sehen sich ebenso wie die sozialdemokratische SPD als Volksparteien. Ihre Zielgruppe sehen die großen Parteien in allen Bevölkerungsschichten, sie grenzen sich nur gegen linke und rechte Extremisten ab. Ein großer Teil der SPD-Anhänger sieht sich als Vertreter der Arbeiterschaft und steht den Gewerkschaften nahe. FDP und Bündnis90/Die Grünen schöpfen aus einem wesentlich schmaleren Wählerspektrum. Sie sehen sich selbst als Programmparteien. Beide Parteien scheitern immer wieder in einzelnen Wahlen an der Fünf-Prozent-Hürde. Trotzdem sind sie etablierte Kräfte im deutschen Parteiensystem und dienen der CDU/CSU oder SPD als Mehrheitsbeschaffer in Koalitionen. Die FDP sieht sich als liberaldemokratische Partei. Sie stehen zum Teil den Interessen der Wirtschaft nahe. Bündnis90/Die Grünen thematisieren vornehmlich ökologische und bürgerrechtliche Themen, sehen sich selbst in der Tradition der Friedens- und Anti-Atom-Bewegung und betonen den Verbraucherschutz. FDP und Grüne sind in den alten Bundesländern etabliert, nicht jedoch in den neuen Bundesländern. Die Linke kann als Volkspartei in den nordöstlichen Bundesländern bezeichnet werden. Sie bietet sich als demokratisch-sozialistische Alternative zur SPD an. Ihr Wählerspektrum ist ebenfalls breit gefächert.

Wahlen

Eine Wahl ist eine Abstimmung über Personen (Kandidaten) oder Handlungsoptionen. Wahlen dienen der politischen Willensbildung und Entscheidungsfindung.

Auf Bundesebene wird alle 4 Jahre der Bundestag nach dem personalisierten Verhältniswahlrecht gewählt. Die Wähler haben bei diesem Wahlsystem zwei Stimmen, die durchaus an unterschiedliche Parteien gehen können (so genanntes Stimmen-Splitting): Mit der Erststimme entscheiden sie nach dem Mehrheitswahlrecht, welcher Kandidat ihren Wahlkreis im Parlament vertreten soll, mit der Zweitstimme nach dem Verhältniswahlrecht, welche Partei sie bevorzugen. Letztendlich entscheiden die Zweitstimmen größtenteils über die Sitzverteilung im Bundestag. Da die mit der Erststimme direkt gewählten Kandidaten in jedem Fall ihren Sitz behalten, auch wenn der Partei nach den Zweitstimmen weniger Sitze zustehen, kommt es bei Bundestagswahlen normal zu Überhangmandaten. Das personalisierte Verhältniswahlrecht soll die Vorteile des Mehrheitswahlrechts und des Verhältniswahlrechts miteinander verbinden.

Um die Zersplitterung des Parlaments in zu viele Kleinparteien zu verhindern, gibt es eine Sperrklausel. Danach zählen die Zweitstimmen einer Partei nur für die Verteilung der Mandate, wenn sie mindestens fünf Prozent der Zweitstimmen oder drei Direktmandate erhält. Allerdings dürfen direkt gewählte Bewerber (wenn es nur einer oder zwei sind) immer in den Bundestag einziehen, können dann allerdings im Bundestag keine Fraktion bilden.

Direkte Demokratie

Neben den Bundestagswahlen entscheiden die Bürger auch über die Zusammensetzung der Landtage und der Gemeindevertretungen in den Kommunen. Das jeweilige Wahlsystem ist in der entsprechenden Landesverfassung bzw. im Kommunalwahlgesetz des Landes festgelegt.

In der Praxis wirkt sich in Deutschland die schiere Anzahl von Wahlen, und damit verbundenen Wahlkämpfen (Bundestagswahlen, Landtagswahlen, Kommunalwahlen, Europawahlen) sowie eine Legislaturperiode des Bundestags von nur 4 Jahren negativ auf die Ausgestaltung der Politik aus, da die diversen Wahltermine nicht miteinander koordiniert sind und in Wahlkampfzeiten die Parteien – zu Recht oder zu Unrecht – darum bemüht sind, grundsätzlich alles zu unterlassen, was Stimmen kosten könnte (siehe auch: Superwahljahr).
Politikwissenschaftlich wird auch diskutiert, inwieweit die Wähler in einem System mit vielen (relativ schwachen) Machtzentren, die sich ausbalancieren müssen und letztlich im Konsenszwang alles einebnen, wirklichen Einfluss auf die Richtung der Politik ausüben können (engl. „meaningful election").

Direkte Demokratie

Insbesondere auf der Bundesebene kennt Deutschland wenige direkte Beteiligungsmöglichkeiten: Nur bei dem Zuschnitt der Bundesländer – Zusammenlegung, Aufspaltung oder Grenzveränderung – sind nach Art. 29 GG Volksabstimmungen im Grundgesetz vorgesehen. Auf Landesebene gibt es je nach Bundesland mehr oder weniger starke Einflussmöglichkeiten durch Bürgerentscheide. Hier muss im Einzelnen betrachtet werden, wie hoch die Hürde für solche Initiativen jeweils sind. Die Grenzen dieser Beteiligung liegen in den Grenzen der Kompetenzen des Bundeslandes.

Weitere Möglichkeiten

Jeder Bürger hat durch das Petitionsrecht die Möglichkeit, Eingaben an Bundestag und sein Landesparlament zu senden. Die Wahlkreisabgeordneten halten Sprechstunden ab, um Kontakt mit den Bürger aufrechtzuerhalten. Jeder kann dort sein Anliegen vorbringen.

Verbände, Religionsgemeinschaften, Gewerkschaften und Arbeitgeberverbände sind bei bestimmten Themen stark in die Entscheidungsvorbereitung involviert. Die Mitarbeit in solchen Organisationen ermöglicht ähnlich wie die Mitarbeit in den Parteien gewisse Beteiligungsmöglichkeiten. Direkter sind die kommunalen Beteiligungsmöglichkeiten für Anwohner bei Planungsverfahren von Großprojekten.

Wie in anderen Ländern auch, spielen Verbände im politischen System eine wichtige Rolle. Mit ihrer Lobbyarbeit versuchen sie, die Politik in die Richtung ihrer Interessen zu bewegen. Die Sinnhaftigkeit dieser Tätigkeiten ist nicht unumstritten und unterliegt häufiger Kritik, insbesondere der durch die Lobbyarbeit jeweils negativ betroffenen anderen Verbände.

Legitimation hoheitlichen Handelns

Gemäß der Legitimationskettentheorie wird die demokratische Legitimation sämtlichen hoheitlichen Handelns in einer ununterbrochenen Kette auf die Willensäußerung des Volkes bei der Wahl zurückgeführt.

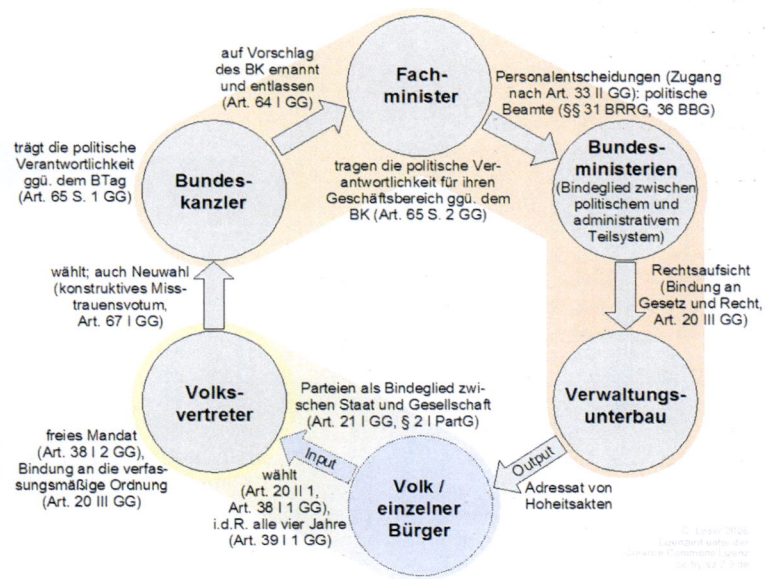

Staatsgebiet, Länder, Gemeinden

Staatsgebiet

Das Staatsgebiet der Bundesrepublik ergibt sich aus der Gesamtheit der Staatsgebiete seiner Länder.

Anders als in anderen Bundesstaaten – beispielsweise in Australien (Capital Territory), Kanada (Territorien Kanadas) oder den Vereinigten Staaten von Amerika

(District of Columbia) – gibt es in Deutschland kein Gebiet des Bundes, das nicht zugleich Gebiet eines seiner Länder wäre (bundesunmittelbare Gebiete) und auch keine Gebiete eines seiner Länder, die nicht zugleich Bundesgebiet wären (bundesfreies Gebiet). Der Grenzverlauf der Bundesrepublik ist heute bis auf Teile des Bodensees linear festgelegt.

Verwaltungssitz eines Landkreises findet man deutschlandweit. Die Einheitsgemeinden Berlin und Hamburg sind als Stadtstaaten gleichzeitig auch Bundesländer.

Liste der Länder

Die oft als „Bundesländer" bezeichneten Gliedstaaten der Bundesrepublik Deutschland werden offiziell als Länder bezeichnet:
Baden Württemberg, Bayern, Berlin, Brandenburg, Bremen, Hamburg, Hessen, Mecklenburg-Vorpommern, Niedersachsen, Nordrhein-Westfalen, Rheinland-Pfalz, Saarland, Sachsen, Sachsen-Anhalt, Schleswig-Holstein, Thüringen.

Gemeinden

Die Gemeinden stellen die kleinräumigsten selbständigen Gebietskörperschaften der politischen Gebietsgliederung dar. Sie sind, ausgenommen von den meisten kreisfreien Städten, in Gemeindeverbänden organisiert. Die Gemeinden unterliegen dem jeweiligen Kommunalrecht der 16 Bundesländer und sind daher nicht deutschlandweit gleich organisiert. Einzig die Kreisstadt als

Aussen- und Sicherheitspolitik

Die wichtigsten Leitlinien deutscher Außenpolitik sind die Westbindung und die europäische Integration. Deutschland hat am Aufbau europäischer Organisationen einen entscheidenden Anteil; Ziel war dabei auch, den Nachbarn Angst vor Deutschland zu nehmen und die Beschränkungen durch die Besatzungsmächte überflüssig zu machen. Die Bundesrepublik ist seit 1950 Mitglied des Europarates und unterschrieb 1957 die Römischen Verträge, den Grundstein für die heutige Europäische Union. Zentraler Aspekt für die Sicherheitspolitik und Ausdruck der Westbindung ist die Mitgliedschaft in der NATO, der die Bundesrepublik 1955 beitrat.

Auswärtiges Amt, BerlinWährend des Kalten Krieges war der Spielraum deutscher Außenpolitik begrenzt. Als eines der wichtigsten Ziele galt die Wiedervereinigung. Militäreinsätze im Ausland kamen nicht in Frage. Laut Grundgesetz darf sich die Bundeswehr an Angriffskriegen nicht beteiligen, ihre Aufgabe besteht lediglich in der Landes- und Bündnisverteidigung. Durch die der sozialliberalen Koalition ab 1969 initiierte „Neue Ostpolitik" unter dem Motto Wandel durch Annäherung, die zunächst von wichtigen Verbündeten sehr skeptisch betrachtet wurde, konnten dennoch eigenständige politische Akzente gesetzt werden. Später wurde diese Politik grundsätzlich auch von der liberalkonservativen Kohl-Regierung seit 1982 fortgesetzt.

Seit der Wiedervereinigung hat Deutschland seine außenpolitischen Grundsätze erweitert und einen Weg zu größerer internationaler Verantwortung eingeschlagen. So nimmt die Bundeswehr seit 1991 mit Zustimmung des Bundestages und zusammen mit verbündeten Armeen an verschiedenen friedenserhaltenden und -erzwingenden Einsätzen auch außerhalb Deutschlands und des Territoriums der NATO-Verbündeten teil (Out-Of-Area-Einsätze).

Traditionell spielt Deutschland zusammen mit Frankreich eine führende Rolle in der Europäischen Union. Deutschland treibt die Bemühungen voran, über die Wirtschafts- und Währungsunion hinaus ein einheitliches und wirkungsvolles System der europäischen Außen- und Sicherheitspolitik zu schaffen.

Weitere außenpolitische Ziele sind die Verwirklichung des Kyoto-Protokolls zum Klimaschutz sowie die weltweite Anerkennung des Internationalen Strafgerichtshofs. Bedeutendes Interesse hat Deutschland auch an einer friedlichen Lösung des Nahostkonflikts. Aufgrund der schwierigen Materie und den Begrenzungen deutscher Politik besteht der Beitrag vor allem in der Bereitstellung informeller Kontaktmöglichkeiten zwischen den beteiligten Parteien.

Die Bundesregierung lehnte den Irak-Krieg 2003 ab, da sie die Existenz von Massenvernichtungswaffen bezweifelte, eine diplomatische Lösung bevorzugte und um erhebliche Gefahren für die politische Stabilität des gesamten als fragil eingestuften Raumes fürchtete. Dafür wurde sie von wichtigen Verbündeten stark kritisiert. Zusammen mit den Verbündeten Großbritannien und Frankreich bemüht sich die Bundesrepublik, den Iran im Dialog dazu zu bewegen, auf die Weiterführung seines Atomprogramms zu verzichten.

Die Bundesregierung strebt einen ständigen Sitz im Sicherheitsrat der Vereinten Nationen an. Die Durchsetzung dieses Zieles wird jedoch aufgrund des Widerstands anderer, teils verbündeter Staaten erschwert und hat nur geringe Aussicht auf Erfolg. So würden zwar Frankreich und Großbritannien die G4-Staaten (Deutschland, Indien, Japan und Brasilien) grundsätzlich unterstützen; jedoch beziehen die USA zu einem deutschen Sitz bisher keine Stellung.

Im Jahr 2006 veröffentlichte das Bundesverteidigungsministerium ein neues Weißbuch, welches die Einbettung der Bundeswehr in friedenssichernde Maßnahmen auch in entlegenen Regionen der Erde vorsieht.

Militär

Nach ihrer Gründung 1949 hatte die Bundesrepublik Deutschland zunächst keine eigenen Streitkräfte. Unter dem Eindruck des Koreakrieges und der sowjetischen Politik in Osteuropa trat die Bundesrepublik 1955 der NATO bei und stellte Streitkräfte auf. Nach der Wiedervereinigung wurden Teile der Nationalen Volksarmee der DDR in diese Streitkräfte eingegliedert.

Die als Bundeswehr bezeichnete militärische Gesamtorganisation besteht aus den Streitkräften und ihrer Verwaltung. Die Streitkräfte gliedern sich in die Teilstreitkräfte Heer, Luftwaffe und Marine und die unterstützenden Organisationsbereiche Streitkräftebasis und Zentraler Sanitätsdienst.

In der Bundeswehr dienten im Dezember 2007 245.000 Soldaten und 120.000 zivile Mitarbeiter. Seit 2001 haben auch Frauen uneingeschränkten Zugang zum Dienst in den Streitkräften. Ihr Anteil beträgt 7,9 Prozent der Soldaten (Stand: 2007). Die Bundesrepublik Deutschland gibt im Jahr 2008 29,45 Milliarden Euro für die Bundeswehr aus, was einen Anteil von etwa 1,2 Prozent am BIP entspricht. Dies liegt unter dem Durchschnitt der NATO-Mitgliedsstaaten von 2,3 Prozent.

Es besteht eine grundsätzliche Wehrpflicht für Männer, der Dienst dauert neun Monate. Alternativ kann als Ersatz ein Zivildienst (Dauer ebenfalls neun Monate), ein Auslandsjahr (zwölf Monate) oder eine mindestens sechsjährige Mitarbeit im Katastrophenschutz oder in der Feuerwehr abgeleistet werden.

Bis 2005 waren auf dem US-Stützpunkt Ramstein und dem Luftwaffenstützpunkt Büchel (beide in Rheinland-Pfalz) noch 150 US-amerikanische Kernwaffen stationiert. Heute lagern noch 20 Sprengköpfe in Büchel, an deren Einsatzplanung Deutschland im Rahmen der nuklearen Teilhabe beteiligt ist.

Polizei und Nachrichtendienste

Polizei

Zuständig für die Innere Sicherheit der Bundesrepublik sind die Polizeien der Länder, welche zum Teil in Vollzugs- und Ordnungspolizei geteilt werden. Dabei übernimmt die Ordnungspolizei verwaltungstechnische Aufgaben, während die Vollzugspolizei den Großteil der Aufgaben zur Gefahrenabwehr übernimmt. Zur Vollzugspolizei gehören etwa die Schutzpolizei, die Bereitschaftspolizei sowie die Kriminalpolizei. Der Kriminalpolizei steht zudem das Bundeskriminalamt beziehungsweise die einzelnen Landeskriminalämter vor. Das Bundeskriminalamt ist direkt dem Bundesministerium des Innern unterstellt und damit die höchste Ermittlungsbehörde in Deutschland. Zur Bundespolizei (ehemals Bundesgrenzschutz) gehören unter anderem die Spezialeinheit GSG 9 der Bundespolizei sowie die Mobile Fahndungseinheit.

Nachrichtendienste

Für die nachrichtendienstliche Informationsbeschaffung, Spionageabwehr und Verfassungsschutz sind in Deutschland drei verschiedene Dienste zuständig. Der Bundesnachrichtendienst (BND) als klassischer Auslandsgeheimdienst, das Bundesamt für Verfassungsschutz und die nachgeordneten Landesbehörden für Verfassungsschutz als Inlandsgeheimdienst und der Militärische Abschirmdienst (MAD) als militärischer Nachrichtendienst.

Frühgeschichte und Antike

Die ältesten Siedlungsbelege auf dem Gebiet der heutigen Bundesrepublik Deutschland sind etwa 700.000 Jahre alt, man geht von einer dauerhaften Besiedlung seit rund 500.000 Jahren aus. In Deutschland existieren bedeutende Fundstätten aus der Urzeit: Nach dem Neandertal in Mettmann ist der frühe menschliche Vertreter der Spezies Homo sapiens neanderthalensis, der Neandertaler, benannt. Diese wurden vor etwa 40.000 Jahren von dem zugewanderten Homo sapiens sapiens, dem modernen Menschen, verdrängt. In der Jungsteinzeit entwickelten sich Ackerbau, Viehzucht und feste Siedlungsplätze. Aus dieser Zeit sind einige bedeutende kulturelle Funde erhalten, wie etwa die Himmelsscheibe von Nebra, die darauf deutet, dass schon um 2000 vor Christus in dieser Region Astronomie betrieben wurde.

Erste schriftliche Erwähnung finden keltische und germanische Stämme bei den Griechen und Römern in der vorchristlichen Zeit. Um 500 vor Christus war das heutige Süddeutschland keltisch und das heutige Norddeutschland germanisch besiedelt. Die Germanen wanderten im Laufe der Jahrhunderte südwärts, so dass um Christi Geburt die Donau die ungefähre Siedlungsgrenze zwischen Kelten und Germanen war. Hierdurch gelangten keltische Orts- und Gewässernamen sowie keltische Lehnwörter in die germanischen Mundarten.

Von 58 v. Chr. bis etwa 455 n. Chr. gehörten die Gebiete links des Rheins sowie südlich der Donau zum Römischen Reich, von etwa 80 bis 260 n. Chr. auch der größte Teil des heutigen Baden-Württemberg südlich des Limes. Die Gebiete im heutigen Deutschland verteilten sich auf die Provinzen Germania Superior, Germania Inferior und Raetia. In diesem Gebiet gründeten die Römer viele Legionslager, die sich später zu Städten entwickelten. Wichtigste Städte zu römischer Zeit waren Köln, Trier (die ältesten Städte Deutschlands), Mainz und Augsburg. Zur Sicherung der Grenzen siedelten die Römer befreundete germanische Stämme in den Provinzen an. Außerdem wanderten Siedler aus anderen Teilen des Römischen Reiches, insbesondere aus Italien, ein und wurden westlich des Rheins und südlich der Donau sesshaft. Weitreichende Neuerungen, die auch das deutsche Vokabular beeinflussten, führten die Römer insbesondere in Hausbau, Handwerk, Wein- und Ackerbau sowie Verwaltung und Militär ein. Eine erste Geschichte Gesamtgermaniens verfasste der römische Schreiber Tacitus im Jahr 98.

Völkerwanderung und Mittelalter

Nach dem Einfall der Hunnen 375 und zeitgleich mit dem Niedergang Westroms ab 395 setzte die Völkerwanderung ein, in deren Verlauf die germanischen Stämme immer weiter nach Südwesten zogen. In die fast menschenleeren Gebiete des heutigen Ostdeutschland wanderten am Ende der Spätantike im 7. Jahrhundert bis zur Elbe-Saale-Linie slawische Stämme ein. Weite Teile der Bevölkerung der heutigen ostdeutschen Bundesländer waren daher bis ins hohe Mittelalter slawisch geprägt (Germania Slavica). Erst im Zuge der hochmittelalterlichen Ostsiedlung wurden sie assimiliert und akkulturiert. Sprachforscher schätzen, dass etwa ein Drittel der heutigen deutschen Familiennamen slawischen Ursprungs sind.

Porta Nigra

Völkerwanderung und Mittelalter

Der Hauptteil West- und Mitteleuropas wurde vom Frankenreich eingenommen, das heutige Norddeutschland wurde von den Sachsen beherrscht.

Nach der blutigen Unterwerfung und Zwangsmissionierung der Sachsen unter Karl dem Großen erstreckte sich das Frankenreich bis zur Nordsee, der Eider und dem heutigen Österreich. Auf dem Höhepunkt der fränkischen Macht stellte Karl der Große einen Anspruch auf die Führungsmacht in Europa. 800 ließ er sich in Rom zum Kaiser krönen. Doch die Einheit seines Reiches währte nicht lange: Streitigkeiten unter seinen Nachfolgern bewirkten im Vertrag von Verdun (843) die Dreiteilung des Reiches in das Ostfrankenreich, unter König Ludwig Germanicus (später: „dem Deutschen"), das Westfrankenreich unter König Karl dem Kahlen und dem zwischen ihnen liegenden Königreich Lothars I., das den Namen Lotharingien erhielt.

Heiliges Römisches Reich

Als traditioneller Beginn der deutschen staatlichen Tradition wird oft der 2. Februar 962 angesehen, an dem Otto I. in Rom zum römisch-deutschen Kaiser gekrönt wurde.

Der Terminus regnum teutonicum („deutsches Reich") wurde ab dem 10. Jahrhundert als Bezeichnung für das Ostfrankenreich benutzt.

Während sich das Westfrankenreich mit der Zeit zum französischen Zentralstaat entwickelte, blieb das Ostfrankenreich durch Territorialfürsten geprägt. Obwohl die Kaiser wiederholt versuchten, ihre Position zu stärken, blieb das Reich ein supranationaler Verband souveräner großer, mittelgroßer und vieler Klein- und Kleinstterritorien sowie Freier Reichsstädte.

Nach der Reformation und dem Dreißigjährigen Krieg hatte der Kaiser nur noch eine formale Machtstellung.

Im 17./18. Jahrhundert entwickelte sich nach französischem Vorbild der Absolutismus, der jedoch anders als dort nicht die Zentralgewalt, sondern einzelne (Landes-) Fürstentümer zu bürokratisch organisierten, modernen Staaten werden ließ. Manche Herrscher, insbesondere König Friedrich II. von Preußen, aber partiell auch seine kaiserlichen Dauerrivalen Maria Theresia, Franz I. und Joseph II., öffneten sich dem philosophischen Zeitgeist (Aufgeklärter Absolutismus).

Geschichte

Dieser Zustand währte bis 1806, als Napoléon I. in seinen Eroberungskriegen Mitteleuropa überrannte und das schwache Reichsgebilde zum Einsturz brachte.

Der letzte Kaiser des faktisch nur noch formell bestehenden Heiligen Römischen Reiches Deutscher Nation, Franz II., der erst 1804 auch Kaiser des österreichischen Vielvölkerstaates geworden war, legte daher die Reichskrone nieder. Damit erlosch das Reich.

Das Reich der Ottonen und Salier

41

Rheinbund

Unter Napoléons Einfluss war zwischen 1803 und 1806 die Anzahl der Staaten im Gebiet des „Alten Reiches" von etwa 300 auf etwa 60 verringert worden. Flächenmäßige Nutznießer dieses Prozesses waren vor allem Preußen, Bayern, Württemberg und Baden. Die neuen Staaten waren teilweise im von Napoléon geschaffenen und kontrollierten Rheinbund vereinigt. Eigenständig blieben nur Österreich und Preußen.

Deutscher Bund

Nach der Niederlage Napoléons restaurierte der Wiener Kongress (1814–1815) weitgehend die alten monarchischen Herrschaftsverhältnisse. Im Deutschen Bund, einem von Österreich und Preußen dominierten Staatenbund, organisierten sich 38 Staaten. Der Bundestag, mit Sitz in Frankfurt am Main, bildete das Entscheidungsgremium. 1833/1834 wurde der Deutsche Zollverein geschaffen, in dem das wieder erstarkte Preußen dominierende Macht war.

In der Ära des Vormärz bewahrte der Hochadel mit Hilfe einer in den Karlsbader Beschlüssen gipfelnden, konsequent betriebenen Repression und Restauration seine Macht. Das wirtschaftlich weiter erstarkende Bürgertum forderte jedoch weiter Teilhabe an der politischen Macht. Im Oktober 1817 trafen sich Professoren und Studenten zum Wartburgfest. „Höhepunkt" war die Verbrennung von Werken von Autoren, die gegen einen deutschen Staat waren, wie zum Beispiel August von Kotzebue. Zum später sogenannten Hambacher Fest trafen sich 1832 über 30.000 Menschen aus vielen Bevölkerungskreisen und Staaten. Dort wurden die Farben Schwarz-Rot-Gold gehisst, die später zu den Nationalfarben wurden (siehe auch Flagge Deutschlands).

Am 1. März 1848 begann mit der Besetzung des Ständehauses des badischen Landtags in Karlsruhe die Märzrevolution. Durch Aufstände der Bürger mussten viele konservative Politiker ihren Platz räumen, unter ihnen der österreichische Staatskanzler Fürst Metternich, der noch im Wiener Kongress die Monarchie nach Napoléons Abtreten mitrestauriert und die Epoche seitdem geprägt hatte.

Unter dem Druck der revolutionären Ereignisse in Berlin seit dem 6. März 1848 gab der preußische

König Friedrich Wilhelm IV. zunächst nach, machte Zugeständnisse und akzeptierte vorerst die Einrichtung der Frankfurter Nationalversammlung. Die von jener ausgearbeitete Paulskirchenverfassung, die Deutschland in eine geeinte konstitutionelle Monarchie umgewandelt hätte, lehnte er jedoch ebenso ab wie die ihm angetragene Kaiserkrone, die er als bürgerliche „Lumpenkrone" bezeichnete.

Am 23. Juli 1849 endete die Märzrevolution mit der Einnahme von Rastatt durch preußische Truppen. Bald danach kam es zur Kollision Preußens mit der Großmacht Österreich um die Vormachtstellung im Deutschen Bund, die zum Preußisch-Österreichischen Krieg (später auch „Deutscher Krieg") von 1866 führte. Nachdem Preußen diesen Krieg für sich entschieden hatte, kam es zur Auflösung des Deutschen Bundes. Preußen annektierte etliche nord- und mitteldeutsche Kriegsgegner, so dass sich die Zahl der deutschen Staaten weiter verringerte.

Norddeutscher Bund

1866 wurde zunächst als Militärbündnis der Norddeutsche Bund gegründet. Er bekam 1867 eine Verfassung, die ihn zum Bundesstaat machte.

Die Gründung des Norddeutschen Bundes als souveränen Staat zum 1. Juli 1867 unter preußischer Führung leitete die sogenannte kleindeutsche Lösung ein. Diese zielte entsprechend der Intention Bismarcks auf eine staatliche Einigung deutscher Einzelstaaten unter der Hegemonie Preußens ohne die damalige Großmacht Österreich.

Deutsches Kaiserreich

Das Deutsche Reich wurde nach dem gewonnenen Deutsch-Französischen Krieg 1870/1871 und der Proklamation des preußischen Königs Wilhelm I. vom ehemaligen Amt des Vorsitzenden des Bundesrates zum Deutschen Kaiser im Spiegelsaal von Versailles ausgerufen.

Mit der Reichsgründung wurden Gebiete eingegliedert, die noch nie oder lange nicht mehr zum Heiligen Römischen Reich gehört hatten. Dazu gehörten West-, Ostpreußen, das überwiegend polnischsprachige Gebiet Posen und Schleswig. Frankreich trat (deutsch- und französischsprachige) Teilgebiete der Regionen Lothringen und Elsass ab, welche als direkt von der Zentrale verwaltetes „Reichsland Elsass-Lothringen" ohne Gliedstaatrechte konstituiert wurden.

Otto von Bismarck hatte als preußischer Ministerpräsident auf die Reichsgründung hingewirkt, maßgeblich die Verfassung entworfen und wurde nun erster Reichskanzler. Seine Politik stützte die Macht des monarchischen Staates, war aber flexibel und letztlich zwiespältig:

Gegen die katholische Kirche führte er einen sogenannten Kulturkampf, in dessen Folge sogar Bischöfe inhaftiert wurden; inhaltlich waren die entsprechenden Gesetze (zur Schule, zur Ehe) oft eher liberal.

Um die Liberalen zu schwächen, führte Bismarck bei Reichstags-

DAS DEUTSCHE REICH
1871–1918

wahlen das demokratische Wahlrecht für alle Männer ein. Nationalliberale waren andererseits lange Zeit Partner Bismarcks.

Bismarck bekämpfte die Sozialdemokratie seit 1878 mithilfe der Sozialistengesetze, versuchte aber, die Arbeiter durch eine moderne Sozialgesetzgebung an den Staat zu binden.

Seine anfangs aggressive Außenpolitik änderte sich ab der Reichsgründung zu einer Bündnispolitik, die ein defensives Bündnissystem schuf, mit Deutschland als halbhegemonialer Macht in der Mitte Europas. Frankreich wurde isoliert und ermutigt, sich auf seine Kolonien (und nicht auf das verlorene Elsass-Lothringen) zu konzentrieren.

Bismarck war gegenüber der Erwerbung von Kolonien skeptisch. Wirtschaftliche Schwierigkeiten und Kolonialpolitik deutscher Kaufleute führten trotzdem dazu, dass eine Gruppe auf der Berliner Kongo-Konferenz Deutschland 1884 sich bei der Teilung Afrikas Gebiete zusprach und damit in den Kreis der Kolonialmächte eintrat, nachdem schon in den frühen 1880er Jahren deutsche Vereine Territorien in Afrika und Asien erworben hatten.

Im „Dreikaiserjahr" 1888 kam Wilhelm II. an die Macht, der schon 1890 Bismarck zum Rücktritt zwang und die Außenpolitik in Richtung konfrontaler Großmacht- und Weltmachtpolitik änderte. Durch den neuen Kurs isolierte sich das Reich selber und ein neues Bündnissystem entstand. Das Attentat auf den österreichischen Thronfolger Franz Ferdinand löste im Jahre 1914 den Ersten Weltkrieg aus. Mehr als zwei Millionen deutsche Soldaten starben im Ersten Weltkrieg, rund 800 000 Zivilisten starben an Hunger.

Weimarer Republik

Mit der deutschen Kapitulation 1918 und der Novemberrevolution endete nicht nur der Erste Weltkrieg, sondern auch die Monarchie im Deutschen Reich. Im Vertrag von Versailles wurden erhebliche Gebietsabtretungen sowie Reparationen festgelegt.

Mit der Ausrufung der Republik wurde am 9. November 1918 das Kaisertum beendet. Am 30. November 1918 erhielten die Frauen mit der „Verordnung über die Wahlen zur Verfassungsgebenden deutschen Nationalversammlung (Reichswahlgesetz)" aktives und passives Wahlrecht. Die Revolutionsregierung aus rechten und linken Sozialdemokraten nannte sich „Rat der Volksbeauftragten". Nach der Wahl der verfassunggebenden Nationalversammlung trat die Weimarer Verfassung am 11. August 1919 in Kraft.

Die Hypothek der Reparationszahlungen belastete von Beginn an das politische Klima der jungen Republik. Die von rechtsextremen Kräften verbreitete Dolchstoßlegende führte zu politischen Morden und Putschversuchen, von denen die wichtigsten der Kapp-Putsch 1920 und der Hitler-Ludendorff-Putsch 1923 waren. Wichtige Vertreter der demokratischen Kräfte wie Matthias Erzberger und Walther Rathenau wurden von nationalistischen Attentätern ermordet. Der erste Reichskanzler Philipp Scheidemann überlebte einen Anschlag nur knapp. Andererseits gab es mehrere Aufstände von Kommunisten, wie den Ruhraufstand 1920, die Märzkämpfe in Mitteldeutschland 1921 und den Hamburger Aufstand 1923.

In den kurzen „goldenen Zwanzigern" blühte die Kultur und ab 1924 auch die Konjunktur auf und das mittlerweile über vier Millionen Einwohner zählende Berlin wurde zu einer der dynamischsten Städte Europas.

Ein jähes Ende erfuhr die Prosperität 1929 im Gefolge des Schwarzen Donnerstags, als durch den Zusammenbruch der New Yorker Börse die Weltwirtschaftskrise ausgelöst wurde. Zu deren Höhepunkt 1932 gab es in Deutschland mehr als sechs Millionen Arbeitslose, die größtenteils in Elend lebten. In der Folge fanden extremistische Parteien noch stärkeren Zulauf als zuvor, sodass es für die gemäßigten Parteien zunehmend schwieriger wurde, stabile Regierungen zu bilden. Nach dem Erdrutschsieg der Nationalsozialisten 1930 verfügten die Reichskanzler, die in rascher Folge wechselten, über keine parlamentarische Mehrheit mehr. Die sogenannten Präsidialkabinette waren nur noch vom Reichspräsidenten Paul von Hindenburg und dessen Notverordnungen abhängig.

Die Spar- und Deflationspolitik des Reichskanzlers Brüning verschärfte die wirtschaftliche Krise noch weiter. Dessen Nachfolger Franz von Papen (Juni–November 1932) unterstellte die demokratische Regierung Preußens einem Reichskommissar („Preußenschlag") und ließ Neuwahlen abhalten, bei denen die Nationalsozialisten noch stärker wurden. Reichskanzler Kurt von Schleicher versuchte durch eine „Querfront" von Gewerkschaften und Teilen der Nationalsozialisten eine Machtübernahme Adolf Hitlers zu verhindern, scheiterte aber an Franz von Papen, der Hindenburg dazu überredete, Hitler trotz starken Widerwillens zum Reichskanzler zu ernennen.

Hitlers Regierung vom 30. Januar 1933 war zunächst eine Koalition von Nationalsozialisten und Teilen der Konservativen, darunter Franz von Papen und Alfred Hugenberg. Am 27. Februar kam es zum Reichstagsbrand, dessen Ursache immer noch nicht geklärt ist. Hitler nutzte die Brandstiftung, um die sogenannte Reichstagsbrandverordnung zu verabschieden, die auf unbestimmte Zeit die Grundrechte außer Kraft setzte. Die nun folgenden Massenverhaftungen politischer Gegner, insbesondere Kommunisten und Sozialdemokraten, prägten das Vorfeld der Reichstagswahl 1933. Trotz erheblicher Stimmengewinne verfehlte die NSDAP auch hier die absolute Mehrheit und ging daher ein Bündnis mit der reaktionär geprägten DNVP ein. Die endgültige Machtübernahme erfolgte fünf Tage später, als der neu zusammengetretene Reichstag mit den Stimmen der bürgerlichen Parteien gegen allein die Stimmen der SPD ein Ermächtigungsgesetz verabschiedete, welches Hitlers Regierung das Recht zubilligte, Gesetze auch ohne den Reichstag zu beschließen.

Nationalsozialistische Diktatur (1933-1945)

Die NSDAP errichtete im Deutschen Reich innerhalb kürzester Zeit einen totalitären Einparteienstaat unter Führung Adolf Hitlers. Missliebige Personen wurden aus allen staatlichen Organisationen entfernt. Es wurden erste Konzentrationslager errichtet, um politische Gegner zu beseitigen, insbesondere Kommunisten, Sozialdemokraten und Gewerkschafter. Eine Reihe von Direktiven sorgte für die völlige Gleichschaltung der öffentlichen Meinung im Sinne der NSDAP. Missliebige Publikationen wurden, beispielsweise in der öffentlichkeitswirksamen Bücherverbrennung, aus dem Verkehr gezogen und der gesamte Kunstbetrieb auf Parteilinie gebracht – unerwünschte Kunstwerke wurden für „entartet" erklärt. Innerhalb kürzester Zeit durchdrang die Partei auch das

Nationalsozialistische Diktatur

Privatleben, indem die von Joseph Goebbels gesteuerte Propaganda allgegenwärtig wurde und bereits auf Kinder Druck ausgeübt wurde, den Parteiorganisationen beizutreten.

Persönlich sicherte sich Hitler ab, indem er auch innerparteiliche Gegner und ehemalige Weggefährten ermorden ließ. Im angeblichen Röhm-Putsch ließ er am 30. Juni 1934 den SA-Führer Röhm und eine Reihe innenpolitischer Gegner töten, woraufhin auch die ihm lästig gewordene SA entmachtet wurde. Stattdessen setzte er auf die ihm bedingungslos ergebene SS und die Reichswehr, deren Generalität auf ihn persönlich ihren Treueeid ablegte. Die Gestapo wurde als politische Polizei zur Bekämpfung der politischen und ideologischen Gegner eingesetzt.

Von Beginn an verfolgte Hitler zwei Ziele: einen Angriffs- und Vernichtungskrieg zur Schaffung neuen „Lebensraumes im Osten" und die Verfolgung der Juden, die mit Diskriminierung, Demütigung und Ausgrenzung begann und später im Holocaust endete. Nachdem sich Hitler der Gefolgschaft des Militärs versichert hatte, begann schon ab 1934 die Ausrichtung der Wirtschaft auf einen bevorstehenden Krieg: Die Rüstungsausgaben wurden innerhalb kürzester Zeit auf gewaltige Summen getrieben. Arbeitsprogramme, eine enthemmt expansive Geldpolitik und Schuldenwirtschaft waren die wirtschaftspolitischen Instrumente hierfür. Die dadurch sinkende Arbeitslosigkeit wurde von der Bevölkerung begrüßt und als Einlösung wirtschaftlicher Versprechen aufgenommen.

Das Schicksal der Juden verschlimmerte sich kontinuierlich: 1935 wurden die Nürnberger Rassengesetze verabschiedet, die persönliche Beziehungen zwischen „Ariern" und Juden als „Rassenschande" brandmarkten und schwer bestraften. Juden verloren zuerst alle öffentlichen Ämter, wurden willkürlich verfolgt, bestohlen und erpresst und schließlich mit einem völligen Berufsverbot belegt.
Unter dem Begriff „Arisierung" wurden alle jüdischen Unternehmen enteignet. Immer häufiger wurden nun auch Juden in Konzentrationslager eingewiesen. Viele fassten den Entschluss zur Emigration, die meisten aber blieben in Deutschland, weil sie sich als Deutsche fühlten und ihre Heimat nicht verlassen wollten.

Die rassistische Weltsicht der Nationalsozialisten und ihre Bemühungen zur Züchtung einer „Herrenrasse" betraf auch andere Bevölkerungsgruppen: Roma, Sinti, Jenische, Polen, Russen. Homosexuelle und Behinderte wurden ebenso Opfer von Repression, Gewalt und Mord.

Währenddessen feierte das Regime einige Propagandaerfolge. 1935 stimmte das Saarland für eine Rückkehr ins Reich und wurde eingegliedert, 1936 verbesserten die Olympischen Spiele das Ansehen im Ausland, im gleichen Jahr wurde das entmilitarisierte Rheinland wieder besetzt. Die aggressive Expansion über die deutschen Grenzen hinaus begann mit dem Anschluss von Österreich im Jahr 1938, der unter dem Jubel großer Teile der Bevölkerung betrieben wurde, woraufhin Deutschland als „Großdeutsches Reich" bezeichnet wurde – ab dem 26. Juni 1943 trug das Deutsche Reich hinfort auch offiziell den Namen Großdeutsches Reich. Gemäß dem Münchner Abkommen erreichte Hitler im November 1938 die Annexion des von Deutschen besiedelten Sudetenlandes.

Erst als Deutschland im März 1939 auch in das restliche Tschechien einmarschierte und es als „Protektorat Böhmen und Mähren" dem Reichsgebiet zuschlug, ebenso wie das von Litauen rückabgetretene Memelland, erkannten die anderen Staaten den Fehler, den sie mit ihrer Beschwichtigungspolitik (Appeasement) begangen hatten.

Als Deutschland schließlich am 1. September 1939 Polen angriff, war die Geduld der Alliierten erschöpft. Großbritannien und Frankreich erklärten Deutschland den Krieg. Der Zweite Weltkrieg forderte in sechs Jahren 55 Millionen Tote.

Mit einer Serie erfolgreicher Aktionen, die als Blitzkrieg in die Geschichte eingingen, gelangen Deutschland zunächst bedeutende militärische Erfolge.

Polen wurde im Nichtangriffspakt zwischen Hitler und Stalin aufgeteilt, die Wehrmacht warf anschließend ihre Armeen nach Westen, überfiel die neutralen Staaten Luxemburg, Belgien und Niederlande und besetzte innerhalb von sechs Wochen Frankreich. Zu diesem Zeitpunkt erreichte Hitlers Popularität im Volk seinen Höhepunkt, und das Deutsche Reich erstreckte sich nun vom Elsass bis nach Krakau.

Mit Kriegsbeginn war auch das Schicksal der Juden und der anderen verfolgten Minderheiten besiegelt. Die Ausreise wurde verboten, die Juden wurden in Ghettos gezwungen und mussten den „Judenstern" tragen. Bei unzureichender Verpflegung und ständig ausbrechenden Seuchen mussten sie Zwangsarbeit in der Kriegswirtschaft verrichten. Viele von ihnen starben an Entkräftung, Hunger oder Misshandlungen.

Im Jahre 1941 begann die systematische Ermordung der Juden – der genaue Zeitpunkt oder ein einzelner Befehl Hitlers dazu ist nicht bekannt. Auf der Wannseekonferenz im Januar 1942 wurden dazu administrativ die Weichen gestellt. Die mit der Ausführung vor allem beauftragte SS errichtete auf ehemals polnischem oder sowjetischem Gebiet Vernichtungslager, in denen die meisten Opfer, in Viehwaggons herangebracht, sofort vergast wurden. Allein in Auschwitz-Birkenau wurden auf diese Art über eine Million Menschen ermordet. Insgesamt beläuft sich die Zahl der Ermordeten auf ungefähr sechs Millionen.

Zwischenzeitlich hatte Hitler der Sowjetunion den Krieg erklärt (Russlandfeldzug 1941–1945). Seit Juni 1941 marschierte das Heer scheinbar unaufhaltsam auf Moskau vor und wurde erst im

Dezember gestoppt. Nachdem der Kriegsverbündete Japan im selben Monat die amerikanische Marine in Pearl Harbor überfallen hatte, erklärte Deutschland auch den USA den Krieg. Mangelnde Ressourcen und die Übermacht des Gegners ließen schon bald die Kriegswende eintreten. Als überdeutliches Zeichen dafür wird gemeinhin die erbittert geführte und verlorene Schlacht um Stalingrad angeführt, die in der völligen Aufreibung der deutschen 6. Armee endete.

Je unvermeidlicher die Niederlage wurde, desto härter wurde die Politik nach innen geführt. Goebbels rief im Berliner Sportpalast 1943 den „totalen Krieg" aus. Die gesamte Produktion wurde nun auf den Krieg ausgerichtet, während die deutschen Armeen an fast allen Fronten zurückwichen und die Alliierten die deutschen Städte bombardierten. Erst als die sowjetischen Armeen schon Berlin eingenommen hatten, nahm sich Hitler am 30. April 1945 in seinem Führerbunker das Leben. Die deutsche bedingungslose Kapitulation folgte am 8. Mai. Die überlebenden politischen und militärischen Hauptverantwortlichen wurden später in den Nürnberger Prozessen verurteilt.

Alliierte Besatzung (1945-1949)

Die alliierten Siegermächte, zunächst die USA, die Sowjetunion und das Vereinigte Königreich, später auch Frankreich, bemühten sich anfangs noch um eine gemeinsame Besatzungspolitik. Einig war man sich über eine Demilitarisierung und die sogenannte Entnazifizierung. Aber schon bei der Frage, was man unter einer Demokratie zu verstehen habe, zeigten sich erste Meinungsverschiedenheiten zwischen der Sowjetunion einerseits und den Westmächten andererseits.

Auf Betreiben Stalins, der Ostpolen annektiert und der Sowjetunion zugeschlagen hatte, wurden große Teile des deutschen Ostens als Ausgleich unter polnische Verwaltung gestellt, wobei Polen die Verwaltungsgebiete direkt als polnisches Staatsgebiet behandelte. So fielen Hinterpommern, Schlesien, Ostbrandenburg/Neumark und das südliche Ostpreußen faktisch an Polen, das nördliche Ostpreußen als Gebiet Kaliningrad an die Sowjetunion – ein Vorgehen, das von den Westmächten auf der Konferenz von Potsdam nur widerstrebend gebilligt wurde. Die meisten deutschen Bewohner im neuen Einflussbereich der Sowjetunion wurden aus Polen, der Tschechoslowakei usw. vertrieben. Dabei verlor Deutschland ein Viertel seines Gebietes, und ein Fünftel seiner Bevölkerung wurde zu Flüchtlingen.

Im Westen des besiegten Deutschen Reiches wurde die Bundesrepublik Deutschland gegründet. In der Sowjetischen Zone (im Westen zunächst Mitteldeutschland genannt) entstand die Deutsche Demokratische Republik (DDR). Beide Staaten bezeichneten sich anfangs als staatsrechtlich identisch mit dem Deutschen Reich (vgl. Deutsches Reich#Staatsrechtliche Fragen), wovon die DDR später aber abrückte.

Die Republik Österreich wurde – abgesehen vom endgültigen Verlust Südtirols – in den früheren Grenzen wiederhergestellt. Die Grenzziehung der Länder in der Bundesrepublik Deutschland wurde teilweise durch die Grenzen der Besatzungszonen (vgl. auch Besatzungsfreie Zone) bestimmt, zum Beispiel zwischen Niedersachsen und Mecklenburg bzw. Sachsen-Anhalt sowie zwischen Thüringen und Hessen.

Teilung und Wiedervereinigung (1949-1990)

Die Bundesrepublik Deutschland wurde am 23. Mai 1949 in den drei westlichen Besatzungszonen gegründet. An diesem Tag wurde das Grundgesetz als Provisorium für eine Verfassung in Kraft gesetzt. Das Grundgesetz enthielt in der Präambel „(…) Das gesamte Deutsche Volk bleibt aufgefordert, in freier Selbstbestimmung die Einheit und Freiheit Deutschlands zu vollenden" ein „Wiedervereinigungsgebot", das im Zuge der Deutschen Wiedervereinigung verwirklicht werden konnte. Bonn wurde am 3. November 1949 zur vorläufigen Hauptstadt erklärt.

Die Gründung der DDR erfolgte am 7. Oktober 1949 in der Sowjetischen Besatzungszone. Nach einer Verwaltungsreform 1952 entstanden daraus 15 Bezirke.

Durch den Kalten Krieg wurden die Deutschen in Ost und West physisch immer mehr getrennt. Der Eiserne Vorhang zog sich quer durch Mitteleuropa und teilte auch Deutschland. Mit dem Bau der Berliner Mauer 1961 wurde der letzte freie Zugang in den Westen gesperrt.

Während in der DDR eine Planwirtschaft errichtet wurde, entschied sich die Bundesrepublik für die soziale Marktwirtschaft. Das einsetzende Wirtschaftswunder führte zu anhaltend hohen Wachstumsraten, Vollbeschäftigung und Wohlstand.

Mit der Aufhebung des alliierten Besatzungsstatuts wurde die Bundesrepublik Deutschland am 5. Mai 1955 souverän. Diese Souveränität beschränkte sich auf den Geltungsbereich des Grundgesetzes, das heißt, die Alliierten behielten ein Vorbehaltssrecht über Deutschland als Ganzes und die Viersektorenstadt Berlin ein. Konrad Adenauer, der erste Bundeskanzler der Bundesrepublik Deutschland, verkündete damals: „Heute, fast zehn Jahre nach dem militärischen und politischen Zusammenbruch des Nationalsozialismus, endet für die Bundesrepublik Deutschland die Besatzungszeit."

Die wichtigsten außenpolitischen Meilensteine dieser Ära waren die Westintegration – 1955 trat Westdeutschland der NATO bei – und die Beteiligung am wirtschaftlichen Zusammenschluss in Europa, der durch die Römischen Verträge 1957 einen entscheidenden Schub

erhielt. Nach der gewaltsamen Niederschlagung des Volksaufstandes des 17. Juni 1953 wurde die DDR Mitglied im Warschauer Pakt und dem RGW.

Erst in den 1960er Jahren führten einige politische Affären und das Aufkommen kritischer Ideen insbesondere der Studenten zum Ruf nach einem tiefgreifenden gesellschaftlichen Wandel. Eine 1967 einsetzende Wirtschaftskrise, die Studentenunruhen 1968 und die Wahlerfolge der NPD verstärkten den Eindruck einer politischen Krise. Die 1966 gebildete Große Koalition aus CDU und SPD unter Bundeskanzler Kurt Georg Kiesinger (CDU) verabschiedete eine Reihe grundlegender Gesetzesänderungen (Notstandsgesetze) und versuchte, sich mit Hilfe der Globalsteuerung an die wirtschaftlich schwierigeren Zeiten anzupassen.

Mit dem Antritt der sozialliberalen Regierung unter Willy Brandt (SPD) 1969 wurden eine Reihe sozialer, gesellschaftlicher und außenpolitischer Reformen umgesetzt. Die „Neue Ostpolitik", die auf Verständigung mit Osteuropa setzte, führte zu außenpolitischer Entspannung und brachte Brandt 1971 den Friedensnobelpreis ein.

Teilung und Wiedervereinigung

Den symbolischen Auftakt hatte das Erfurter Gipfeltreffen 1970 gebildet. Diese Politik wurde aber von Konservativen teilweise scharf kritisiert. Brandt überstand im April 1972 ein konstruktives Misstrauensvotum, und die SPD rettete sich in Neuwahlen.

Brandts zweite Amtszeit (1972–1974) war überschattet von wirtschaftlichen Problemen, zu denen die Ölkrise 1973 sowie inflationäre Tendenzen aufgrund hoher Tarifabschlüsse geführt hatten. Die versprochenen innenpolitischen Reformen waren nicht bezahlbar. Brandt trat nach der Aufdeckung einer Spionageaffäre um seinen Mitarbeiter Günter Guillaume zurück.

Sein Nachfolger Helmut Schmidt (SPD), seit Juni 1974 im Amt, hatte mit steigender Verschuldung und Arbeitslosigkeit, mehreren Wirtschaftskrisen und dem Terror der RAF zu kämpfen. Als Kanzler und Person bei den Deutschen geschätzt, verlor er jedoch den Rückhalt seiner Fraktion, die zunehmend gegen seine Unterstützung des NATO-Doppelbeschlusses opponierte.

Nach dem Auseinanderbrechen der Koalition wurde Helmut Kohl (CDU) nach einem konstruktivem Misstrauensvotum am 1. Oktober 1982 zum Kanzler gewählt. Er regierte länger als alle seine Vorgänger und gilt als Kanzler der deutschen Einheit. Diese wurde durch die Veränderungen in der Sowjetunion durch Glasnost und Perestroika ermöglicht und maßgeblich von den Massendemonstrationen in der DDR sowie der dortigen Ausreisebewegung vorangetrieben. Am 9. November 1989 musste die DDR-Führung die Mauer öffnen, nachdem ein Sprecher durch ein Versehen einen Massenansturm auf die Grenzübertrittsstellen ausgelöst hatte.

Bei den ersten freien Wahlen zur Volkskammer am 18. März 1990 gewann das von der Ost-CDU geführte Parteienbündnis „Allianz für Deutschland". (Letzter) Ministerpräsident der DDR wurde Lothar de Maizière (CDU). Nun war der Weg frei für die Deutsche Wiedervereinigung. Diese fand im Einvernehmen mit den Vertretern der Alliierten im Rahmen der „Zwei-plus-Vier-Gespräche" statt.

Von der Bonner zur Berliner Republik (1990 - Gegenwart)

Laut Artikel 1 Absatz 1 des Einigungsvertrags[14] wurden mit dem Wirksamwerden des Beitritts der Deutschen Demokratischen Republik zur Bundesrepublik Deutschland gemäß Artikel 23 des Grundgesetzes am 3. Oktober 1990 die Länder Brandenburg, Mecklenburg-Vorpommern, Sachsen, Sachsen-Anhalt und Thüringen („Neue Bundesländer") Länder der Bundesrepublik Deutschland. Die Vier Mächte hatten mit dem Zwei-plus-Vier-Vertrag vom 12. September 1990 die Hoheitsbefugnisse abgegeben, und durch das In-Kraft-Treten am 15. März 1991 konnte das wiedervereinigte Deutschland nach dem Ende des Zweiten Weltkrieges die volle staatliche Souveränität wiedererlangen.

Im Rahmen der Wiedervereinigung sollten bis Ende 1994 die fremden Militäreinheiten weitgehend durch den Vertrag vom 12. Oktober 1990 das Land verlassen – die noch verbliebenen der Westalliierten haben keinerlei Hoheitsbefugnisse mehr und unterliegen dem NATO-Truppenstatut. Deutschland verpflichtete sich zur Abrüstung auf maximal 370.000 Soldaten.

Mit dem am 14. November 1990 in Warschau unterzeichneten Deutsch-Polnischen Grenzvertrag wurde die Oder-Neiße-Linie eine anerkannte Grenze und das Territorium östlich davon endgültig völkerrechtlich Polen zugesprochen. Im Januar 1997 folgten Deklarationen zur Aussöhnung mit der Tschechischen Republik.

Mit einer knappen Mehrheit von 338 zu 320 Stimmen beschloss der Bundestag am 20. Juni 1991, Bonn als Regierungssitz aufzugeben und Regierung und Parlament nach Berlin zu verlegen. Durch die Umsetzung des Berlin/Bonn-Gesetzes ist neben der Hauptstadt Berlin die Bundesstadt Bonn zweites politisches Machtzentrum Deutschlands. Dort verblieben die ersten Dienstsitze von sechs Bundesministerien; alle anderen haben ihren Zweitsitz in Bonn. Die Mehrzahl der Ministeriumsbeschäftigten arbeiten vereinbarungsgemäß dort; zahlreiche Bundesinstitutionen sowie drei Verfassungsorgane haben ihren Dienstsitz in der Bundesstadt.

Der neue Sitz des Deutschen Bundestags ist das von Grund auf renovierte Reichstagsgebäude in Berlin, in dem erstmalig am 19. April 1999 wieder eine Parlamentssitzung stattfand. Bereits zu West-Berliner Zeiten, bis in die 1970er Jahre, tagten dort das Plenum und einige Ausschüsse; auch der Bundespräsident wurde dort von 1954 bis 1969 gewählt. Seit September 1999 ist die Bundesregierung in Berlin angesiedelt.

Die 1990er Jahre waren nach dem kurzen Boom der Wiedervereinigung von geringer wirtschaftlicher Dynamik, Massenarbeitslosigkeit und Reformstau geprägt. Insbesondere in den neuen Bundesländern entwickelte sich die Wirtschaft nicht wie erhofft und angekündigt. Mehrere Reformvorhaben der Bundesregierung scheiterten an der rot-grünen Mehrheit im Bundesrat. Außenpolitisch setzte sich Kohl insbesondere für eine stärkere Zusammenarbeit im Rahmen der Europäischen Union und zum Beispiel die EU-Osterweiterung ein. Als die Bundesrepublik Jugoslawien 1991 zu zerfallen begann, war Deutsch-

land eines der Länder, welches die Anerkennung der Unabhängigkeit von Kroatien und Slowenien durch die westlichen Staaten massiv unterstützte. Eine direkte

Teilnahme am Zweiten Golfkrieg zur Befreiung Kuwaits lehnte die Bundesregierung mit Blick auf die historische Last ab. Stattdessen leistete Deutschland finanzielle Unterstützung und ersetzte Marineeinheiten der NATO-Partner im Mittelmeer. Nach Beendigung der Kämpfe half ein Verband der Bundesmarine bei der Räumung von Seeminen im Persischen Golf.

Zum ersten Mal in der Nachkriegsgeschichte kam es in Folge der Bundestagswahl 1998 zu einem vollständigen Regierungswechsel. Die bisherigen Regierungspartei-

en CDU/CSU und FDP verloren ihre Bundestagsmehrheit, die bisherigen Oppositionsparteien SPD und Bündnis 90/Die Grünen bildeten eine Rot-Grüne Koalition unter Bundeskanzler Gerhard Schröder. Bei der Bundestagswahl 2002 wurde die Bundestagsmehrheit von SPD und Grünen knapp bestätigt.

Die Rot-Grüne Koalition setzte erste Ansätze für umfassende Veränderungen in der Sozial-, Renten- und Gesundheitspolitik (siehe Agenda 2010) durch. Mittels der Einnahmen aus der umstrittenen Ökosteuer gelang es, die Lohnnebenkosten (Rentenversicherungsbeiträge) zu reduzieren. Allgemein wurde das Thema Ökologie stärker gewichtet, beispielsweise mit dem Beginn des Atomausstiegs oder Gesetzesinitiativen zur Reduzierung von Treibhausgasen. Andere Reformen der rot-grünen Regierung waren etwa das Lebenspartnerschaftsgesetz, das neue Staatsbürgerschaftsrecht oder und das Gewaltschutzgesetz. Während Schröder für einige Bundesratsabstimmungen CDU-regierte Länder durch Zugeständnisse dazu bewegen konnte, im Sinne der Bundesregierung abzustimmen, scheiterten andere Reformvorhaben von Rot-Grün, wie das Verbraucherinformationsgesetz, an der CDU/CSU-Mehrheit im Bundesrat.

Der erste Kampfeinsatz deutscher Soldaten seit dem Zweiten Weltkrieg – 1999 im Kosovo-Krieg – markierte einen Wendepunkt der deutschen Außenpolitik. Nach dem Anschlag auf das World Trade Center in New York 2001 garantierte Bundeskanzler Schröder den USA die „uneingeschränkte Solidarität". Deutschland unterstützte im Rahmen des Anti-Terrorkrieges den Krieg in Afghanistan. Deutschland beteiligte sich im Jahre 2003 nicht am Irakkrieg. Dies führte zu Konflikten vor allem mit den USA, aber zu großen Sympathiebekundungen aus der deutschen Bevölkerung gegenüber dem „Friedenskanzler" Schröder. Die Bundeswehr sicherte die Seewege am Horn von Afrika, entsandte ABC-Spürpanzer nach Kuwait und zog gemäß ihrer internationalen Verpflichtungen deutsche Soldaten nicht aus NA-TO-AWACS-Flugzeugen ab, letzters erkannte das Bundesverfassungsgericht in seinem Urteil vom 7. Mai 2008 wegen Verletzung der Rechte des Bundestages als verfassungswidrig.

Die Hartz-IV-Gesetzgebung von 2004 hatte das Ziel, den Arbeitsmarkt zu beleben. Es wuchsen die Proteste gegen eine – insbesondere durch die direkt Betroffenen – als sozial ungerecht empfundene Politik, die Kritiker nicht von der SPD erwartet hatten. Nach durch Rot-Grün verlorenen Landtagswahlen in den Jahren 2004 und 2005 stellte Bundeskanzler Schröder schließlich am 1. Juli 2005 im Bundestag die Vertrauensfrage nach Art. 68 GG mit dem Ziel, diese absichtlich zu verlieren. Daraufhin löste Bundespräsident Horst Köhler den 15. Deutschen Bundestag auf und setzte Neuwahlen für den 18. September 2005 an. Da diese Wahl kein Ergebnis zugunsten einer der angestrebten Koalitionen (SPD/Grüne und Union/FDP) ergab und alle Versuche eine Dreiparteienregierung zu bilden scheiterten, einigten sich CDU/CSU und SPD auf die Bildung einer Großen Koalition unter der Kanzlerschaft von Angela Merkel (CDU).

Demographie

Demographie

Deutschlands Geburtenrate ist eine der niedrigsten weltweit. Am 31. Dezember 2006 lebten in der Bundesrepublik Deutschland 82.314.900 Einwohner auf der Fläche von 357.114 Quadratkilometern. Das Land gehört damit zu den am dichtesten besiedelten Flächenstaaten der Welt. Etwa 75 Millionen Menschen (91 Prozent) sind deutsche Staatsbürger. Von diesen haben wiederum sieben Millionen Bürger einen Migrationshintergrund, das heißt, sie sind

„Aussiedler" bzw. „Spätaussiedler" deutscher Nationalität, von denen die meisten aus Staaten der ehemaligen Sowjetunion (51 Prozent, umgangssprachlich meist als „Russlanddeutsche" bezeichnet) und aus Polen (34 Prozent) eingewandert sind. Zwischen 1950 und 2002 waren dies insgesamt 4,3 Millionen Menschen, oder im Land geborene oder seit langer Zeit in Deutschland lebende ehemalige Ausländer, die seit der Änderung des Staatsbürgerschaftsrechts auf eigenen Antrag eingebürgert wurden.
Von den Einwohnern mit ausschließlich anderer Staatsangehörigkeit (Ende 2006: 7.255.900) stellen die türkischen Staatsan-

gehörigen (1.713.551) die größte Gruppe. Die übrigen sind überwiegend EU-Bürger (2,1 Millionen). Den größten Anteil haben hier Italiener (528.318), Polen (384.808) und Griechen (294.891). Der Anteil der europäischen Staatsbürger aus Nicht-EU-Ländern (3,2 Millionen) hat sich durch Migration aus dem ehemaligen Jugoslawien (1,0 Millionen; unter anderem durch Kriegsflüchtlinge) und aus den Staaten der ehemaligen Sowjetunion in den 1990er Jahren erhöht. 2006 erwarben 124.556 Personen die deutsche Staatsbürgerschaft.

Die Zahl der gesamten polnischen Diaspora in Deutschland, die bereits seit dem 19. Jahrhundert existiert, beläuft sich auf weit über zwei Millionen, wobei die meisten seit Generationen von der einheimischen Bevölkerung assimiliert sind.

Somit ergibt sich ein Gesamtanteil der Bevölkerung mit Migrationshintergrund von etwa 17 Prozent, ein Hinweis darauf, dass die ethnische Zusammensetzung der Bevölkerung nicht mehr über Nationalitäten erfasst werden kann. Ein gewisses Maß an Einwanderung wird von politischer Seite im Hinblick auf den Rückgang der

Geburtenzahl und die daraus folgende negative demographische Entwicklung gewünscht, um die soziale Absicherung der Bevölkerung nicht zu gefährden, zu starke Zuwanderung aufgrund der daraus resultierenden sozialen Spannungen jedoch abgelehnt.

Angestammte ethnische Minderheiten sind Dänen (je nach Definition und Quelle etwa 15.000 bis 50.000), Friesen (etwa 50.000–60.000), Jenische (etwa 412.000), Sorben (etwa 60.000) und Sinti (etwa 70.000).

Sprachen und Dialekte

Die in Deutschland gebräuchlichste Sprache ist Deutsch. Deutsch ist Amtssprache, wird als Standardsprache in den überregionalen Medien und als Schriftsprache verwendet. Als Sprache des Alltags wird es in vielen Regionen fast ausschließlich gesprochen (oft regional leicht eingefärbt). Daneben gibt es unterschiedlich stark vertretene Dialekte.

Neben der deutschen Sprache sind regional auch die Sprachen der seit langem in Deutschland ansässigen Minderheiten als offizielle Sprachen anerkannt: Dänisch, Friesisch, Niederdeutsch und Sorbisch. Die Sprache der Sinti und Roma, Romanes sowie die jenische Sprache der Jenischen sind keine Amtssprachen. Die Zahl der Sprecher dieser Minderheitensprachen und Dialekte ist jedoch vergleichsweise klein und nimmt tendenziell ab. Es gibt Bestrebungen, diesem Trend durch Unterricht in Kindergarten und Grundschule entgegen zu wirken.

Ehemals verbreitete Sprachen wie Moselromanisch (im 11. Jahrhundert ausgestorben), Polabisch (im 18. Jahrhundert ausgestorben) oder Jiddisch werden heute nicht mehr gesprochen.

Die Verwendung von Dialekten wird von manchen Menschen als Makel, von anderen als kulturelle Bereicherung empfunden. Im norddeutschen Raum verwenden Angehörige der höheren Bildungsschichten seltener die regionale Mundart, während im süddeutschen Sprachraum selbst in akademischen Kreisen der Gebrauch des Dialekts üblich ist. Da das Standarddeutsche sich aus hochdeutschen (mittel- und oberdeutschen) Sprachformen entwickelt hat und die niederdeutschen Dialekte verdrängt hat, sprechen Norddeutsche tendenziell eher ein dialektfreies Deutsch als die Bevölkerung in den südlichen zwei Dritteln des Landes.

Die von Gehörlosen verwendete Deutsche Gebärdensprache ist seit 2002 in Deutschland als eigenständige Sprache anerkannt.

Seit der Einwanderung der Germanen in das heutige Gebiet Deutschlands sind immer wieder neuere Zuwanderer hinzugekommen, die auch ihre jeweiligen Sprachen mitbrachten (zum Beispiel die Römer in den Kolonien Germaniens, die Hunnen während der Völkerwanderung, die Hugenotten seit dem 17. Jahrhundert, die Ruhrpolen im 19. Jahrhundert). Während die Nachkommen der älteren Zuwanderungswellen inzwischen sprachlich weitestgehend assimiliert sind, verwenden diejenigen Zuwanderer, die erst in den vergangenen Jahrzehnten gekommen sind (unter anderem die sogenannten Gastarbeiter, aber auch Flüchtlinge), untereinander neben dem Deutschen noch häufig ihre Muttersprache, vor allem Türkisch (ca. zwei Millionen). Daneben ist auch die russische Sprache verbreitet, zum einen unter jüdischen Kontingentflüchtlingen, aber auch unter Russlanddeutschen, die zum Teil russische Muttersprachler sind. Die Anga-

ben zur Anzahl russischer Muttersprachler variieren je nach Quelle stark. Auch die Zahl der Personen, deren Alltagssprache Polnisch ist, wird relativ hoch vermutet. Hierbei variiert die Zahl ebenfalls je nach Quelle.

Die an Schulen vorrangig gelehrte Fremdsprache ist Englisch, gefolgt von Französisch und Latein und danach von Russisch. In den letzten Jahren ist auch Spanisch immer beliebter geworden. Die Entscheidung über die unterrichteten Fremdsprachen haben die Schulministerien in den einzelnen Bundesländern. Weitere Fremdsprachen wie zum Beispiel Chinesisch oder Italienisch können Schüler an manchen Schulen als Arbeitsgemeinschaft (AG) wählen.

Religionen

In Deutschland wird die Religionsfreiheit als Grundrecht garantiert. Gleichwohl ist die Trennung von Kirche und Staat nicht vollständig: In vielen sozialen und schulisch-kulturellen Bereichen bestehen Verflechtungen, beispielsweise über kirchliche, aber staatlich mitfinanzierte Trägerschaft von Kindergärten, Schulen, Krankenhäusern oder Pflegeheimen. Ebenso berufen sich einige deutsche Parteien auf die christliche Tradition des Landes. Die christlichen Kirchen besitzen den Status von Amtskirchen, sie sind demnach zwar keine staatliche Institution, aber Körperschaften des öffentlichen Rechts.

Wie der größte Teil West- und Mitteleuropas ist das heutige Deutschland in einem bis zur Antike zurückreichenden historischen und kulturellen Kontext christlich-abendländisch, und seit etwa dem 18. Jahrhundert ebenso aufgeklärt-wissenschaftlich geprägt. Dieser Prägung liegen Einflüsse aus der antiken griechischen und römischen Kultur ebenso zugrunde wie jüdische und christliche Traditionen, die sich seit Beginn der Christianisierung Nordwesteuropas, ab etwa dem 4. Jahrhundert, mit germanischen Traditionen vermischt hatten. Das Gebiet des heutigen Deutschland wurde seit dem frühen Mittelalter christianisiert. In der fränkischen Zeit wurde im Reich Karls des Großen die entsprechende Missionierung, teilweise durch Zwangsmaßnahmen abgeschlossen. Im Heiligen Römischen Reich Deutscher Nation begann die christliche Reformation Anfang des 16. Jahrhunderts, angeführt von Martin Luther. Sie prägt die religiöse Landschaft im deutschen Sprachraum bis heute mit.

Die Mehrheit der deutschen Staatsbürger gehört einer christlichen Konfession an: Römisch-Katholische Kirche 31,2 Prozent (tendenziell überwiegend in West- und Süddeutschland), Evangelische Kirche in Deutschland (Lutheraner, Reformierte und Unierte) 30,8 Prozent (tendenziell vor allem in Nord- und historisch in Ostdeutschland), orthodoxe Kirche und orientalische Kirchen insgesamt 3 Prozent, Neuapostolische Kirche 0,46 Prozent, Zeugen Jehovas 0,2 Prozent, und ein geringer Anteil von Angehörigen christlicher Freikirchen. Die Anzahl der Gottesdienstbesucher ist geringer. Durchschnittlich 3,6 Millionen Menschen (oder 4,4 Prozent der Gesamtbevölkerung) besuchten 2006 die sonntäglichen Gottesdienste der Katholischen Kirche, eine Million (oder 1,2 Prozent der Gesamtbevölkerung) jene der Evangelischen Kirche.

38,0 Prozent der Gesamtbevölkerung gehören keiner der beiden großen Religionsgemeinschaften an. In den neuen Bundesländern liegt der prozentuelle Anteil zwischen 66,1 Prozent (Thüringen)

Religionen

und 80,6 Prozent (Sachsen-Anhalt). Die DDR hatte eine atheistische Weltanschauung propagiert und vermittelt (siehe Jugendweihe) und den Kirchenaustritt gefördert. In den alten Bundesländern ist die Anzahl der Konfessionslosen geringer, deren Anteil liegt zwischen 20,9 Prozent in Bayern und 69,0 Prozent in Berlin (letzteres allerdings einschließlich dem ehemaligen Ost-Berlin). (Statistik der EKD, Stand: 31. Dezember 2005.)

Islamische Gemeinden haben etwa 3,2 Millionen Mitglieder (3,9 Prozent der Einwohner) und sind vorwiegend ausländischer Herkunft, davon mittlerweile etwa 732.000 deutsche Staatsangehörige (knapp 0,9 Prozent der deutschen Staatsbürger); 9,1 Prozent aller 2004 geborenen Kinder haben muslimische Eltern. Um für die Vielzahl an islamischen Organisationen einen Dachverband zu erhalten, der für Außenstehende als Ansprechpartner fungieren kann, wurde der Koordinierungsrat der Muslime gegründet.

Die Deutsche Buddhistische Union geht von einer Zahl von 250.000 aktiven Buddhisten in Deutschland aus, die Hälfte davon eingewanderte Asiaten. Dies entspricht 0,3 Prozent der Bevölkerung.

106.000 Personen der Bevölkerung gehören jüdischen Gemeinden an. Seit den 1990er Jahren verzeichnen diese einen starken Zuwachs durch Zuwanderer aus Osteuropa, vor allem aus der Ukraine und aus Russland. Nach Frankreich und dem Vereinigten Königreich ist in Deutschland die drittgrößte jüdische Gemeinschaft Europas.

Von den Mitgliedern bestimmter christlicher Kirchen sowie der jüdischen Gemeinden erhebt der Staat traditionell eine Kirchensteuer und leitet diese an die jeweiligen Kirchen (bzw. an den Zentralrat der Juden in Deutschland) weiter.

Des Weiteren ist der Religionsunterricht laut Grundgesetz fakultatives, aber dennoch ordentliches Unterrichtsfach in den Schulen (mit Ausnahme weniger Länder wie Bremen, Berlin und Brandenburg). Dieser Unterricht wird oft von einem Vertreter einer der beiden großen christlichen Amtskirchen abgehalten.

Bild rechts:
Papst Benedikt XVI.

Volkswagenwerk

Deutschland ist relativ rohstoffarm, seine Wirtschaft ist vorwiegend auf den sekundären (Industrie) und tertiären (Dienstleistung) Wirtschaftssektor konzentriert. Mehr als die Hälfte der Landesfläche wird landwirtschaftlich genutzt, jedoch sind nur zwei bis drei Prozent der Beschäftigten in der Landwirtschaft tätig. Deutschland ist mit einem Bruttoinlandsprodukt von etwa 2,4 Billionen Euro (Stand: 2007) die drittgrößte Volkswirtschaft und Industrienation der Welt.

Zudem ist Deutschland die weltgrößte Exportnation. Beim Lebensstandard liegt Deutschland laut dem Human Development Index auf Platz 22 in der Welt. In der EU nimmt Deutschland nach dem BIP je Einwohner den elften Rang ein.

Im Jahre 2006 zog die Binnennachfrage wieder an, so dass 2006 ein Wirtschaftswachstum von 2,8 Prozent erreicht wurde. Ob dies nur ein vorübergehender Effekt durch die bevorgestandene Mehrwertsteuererhöhung 2007 war, bleibt abzuwarten. Auch die Zahl der Arbeitslosen stieg im Winter 2006/2007 bei weitem nicht so stark wie in den fünf vorgehenden Wintern. Im Außenhandel ist Deutschland weiterhin sehr erfolgreich (Exporte 2006: +13 Prozent auf 894 Milliarden Euro). Das Land verzeichnet seit Jahrzehnten mit großem Abstand mehr Exporte als jedes andere Land der Welt und wird daher oft mit dem Schlagwort „Exportweltmeister" bezeichnet.

Die Arbeitslosigkeit stieg zwar seit der Ölkrise in 1970er Jahren von Konjunkturzyklus zu Konjunkturzyklus an und wird, insbesondere in Ostdeutschland, weiterhin als hoch empfunden, ist aber in den Aufschwungjahren seit 2006 wieder rückläufig.

Die Suche nach der Ursache der relativ hohen Arbeitslosenrate spaltet derzeit die Gesellschaft: Unternehmerverbände und neoliberale Ökonomen sehen den in Deutschland traditionell stark ausgebauten Sozialstaat als Verursacher weiterer Arbeitsplatzabbaus, da die geringen Lohnkosten in osteuropäischen Nachbarstaaten zur Verlagerung der Produktion in eben diese verleiten, obwohl auch Länder mit einem ausgebauten Sozialstaat und einer hohen Staatsquote eine hohe Wirtschaftsdynamik aufweisen (Schweden, Finnland, Norwegen, Österreich).

Gewerkschaften und Globalisierungskritiker argumentieren mit keynesianistischen Modellen und behaupten, dass die Binnennachfrage durch Kürzungen im Sozialbereich geschwächt werde.

Als Ursache gilt auch, dass die Staatsausgaben zu einem großen Teil über Sozialabgaben finanziert werden, die die Arbeitsplätze verteuern anstatt den Staat stärker über arbeitsplatzunabhängige Steuern zu finanzieren. Zudem fehlte nach der Wiedervereinigung eine ausreichende ökonomische Basis für die politisch motivierte Angleichung ostdeutscher Löhne an das Westniveau.

Als weltweit konkurrenzfähigste Branchen der deutschen Industrie gelten die Automobil-, Nutzfahrzeug-, elektrotechnische, Maschinenbau- und Chemieindustrie.

Steuern

In Deutschland werden viele verschiedene Steuern erhoben. Neben verschiedenen Verkehrsteuern (zum Beispiel Umsatzsteuer) erzielt der Staat einen Großteil seiner Einnahmen aus Steuern vom Einkommen und Ertrag: hierzu zählen die Einkommen-, die Körperschaft- sowie die Gewerbesteuer.

Insofern Produkte oder Dienstleistungen der Umsatzsteuer unterliegen, beträgt der Steuersatz in Deutschland 19 (allgemeiner Satz) oder 7 Prozent (ermäßigter Satz, zum Beispiel Lebensmittel etc.). Umgangssprachlich bzw. EU-rechtlich wird die Umsatzsteuer auch Mehrwertsteuer genannt.

Rechtsgeschichte

Das Deutsche Recht hat eine lange, bis in germanische Zeit zurückreichende, Tradition. Im Mittelalter wurden bedeutende Rechtssammlungen wie der Sachsenspiegel angelegt, die nicht Recht setzen, sondern vorhandenes Gewohnheitsrecht fixieren sollten. Ab dem 12. Jahrhundert wurde im Heiligen Römischen Reich vermehrt das Römische Recht eingeführt und übernommen, welches wegen seiner Rationalität und Wissenschaftlichkeit als dem einheimischen germanischen Recht überlegen empfunden wurde. Aufgrund der staatlichen Zersplitterung gab es aber bis ins 19. Jahrhundert hinein kein einheitliches deutsches Recht. Nur wenige Kodifikationen galten für das ganze deutsche Reich („Altes Reich"), beispielsweise die Constitutio Criminalis Carolina. Von nicht zu unterschätzender Bedeutung war die Einrichtung des Reichskammergerichts im Jahr 1495 als Rechtsmittelgericht des Reichs gegen Entscheidungen der Gerichte der einzelnen deutschen Staaten. Allerdings wurde dessen Funktionsfähigkeit dadurch geschmälert, dass bestimmte deutsche Staaten das Privilegium de non appellando besaßen, also das Privileg, dass gegen Entscheidungen der Gerichte dieser Staaten kein Rechtsmittel zum Reichskammergericht gegeben war. Im 18. Jahrhundert erließen einzelne deutsche Staaten, zum Beispiel Preußen und Österreich, einzelne wegweisende und vom Geist der Aufklärung geprägte Gesetzeskodifikationen wie das Allgemeine Preußische Landrecht.

Nach der napoleonischen Ära herrschte im Deutschen Bund weiterhin Rechtszersplitterung: In den ehemaligen Rheinbund-Staaten galt der Code Civil, in Preußen das Allgemeine Preußische Landrecht, während in den übrigen Staaten teilweise noch römisches und germanisches Recht angewendet wurde.

Erst mit Schaffung der staatlichen Einheit im Jahr 1871 war schließlich die Voraussetzung für eine einheitliche Gesetzeskodifikation im gegründeten Deutschen Reich gegeben: Bereits 1871 wurde das Reichsstrafgesetzbuch verabschiedet, zum 1. Oktober 1879 traten die Reichsjustizgesetze in Kraft, die die Rechtspflege regelten und vereinheitlichten: Gerichtsverfassungsgesetz, Zivilprozessordnung, Strafprozessordnung, Konkursordnung und weitere Einführungs- und Nebengesetze. Zum 1. Oktober 1879 nahm auch das Reichsgericht als oberstes Gericht des Reichs seine Arbeit auf. Im symbolträchtigen Jahr 1900 traten schließlich das Bürgerliche Gesetzbuch und das Handelsgesetzbuch in Kraft und schufen auch auf dem Gebiet des Zivilrechts und des Handelsrechts Rechtseinheit.

Die nationalsozialistische Herrschaft führte zur völligen Pervertierung des Rechts als Mittel der Gewaltherrschaft, wofür hier stellvertretend die Terrorurteile des Volksgerichtshofs zu nennen sind. Mit der Gründung der Bundesrepublik Deutschland wurde in Deutschland dann wieder ein Rechtsstaat geschaffen. Auf dem Gebiet der DDR hingegen, wo die Doktrin der „einheitlichen sozialistischen Staatsmacht" galt und Gewaltenteilung und Unabhängigkeit der Gerichte unbekannt waren, kehrten erst mit der Wiederherstellung der staatlichen Einheit im Jahr 1990 wieder rechtsstaatliche Verhältnisse ein.

Rechtswesen

Die Bundesrepublik Deutschland versteht sich als Rechtsstaat (Art. 28 Abs. 1 Satz 1 GG), was bedeutet, dass staatliche Tätigkeit nur durch das Recht begründet werden kann und durch das Recht begrenzt wird. Wer durch die öffentliche Gewalt in seinen Rechten verletzt wird, hat das Recht, bei Gericht um Rechtsschutz hiergegen nachzusuchen (Art. 19 Abs. 4 GG). Die Richter sind unabhängig und unterliegen keinerlei Weisungen.

Die Rechtsprechung wird im Wesentlichen von Gerichten der Bundesländer ausgeübt: In Zivilsachen und Strafsachen durch die Amtsgerichte, die Landgerichte und die Oberlandesgerichte, in Arbeitssachen durch die Arbeitsgerichte und die Landesarbeitsgerichte, in Verwaltungsrechtssachen durch die Verwaltungsgerichte und die Oberverwaltungsgerichte (in manchen Bundesländern Verwaltungsgerichtshof genannt), in Sozialrechtssachen durch die Sozialgerichte und die Landessozialgerichte und in Finanzgerichts-

----

sachen durch die Finanzgerichte. Als Bundesgericht besteht für den gewerblichen Rechtsschutz das Bundespatentgericht. Daneben existieren als Rechtsmittelgerichte die obersten Gerichtshöfe des Bundes (Art. 95 GG): Der Bundesgerichtshof als oberstes Zivil- und Strafgericht, das Bundesarbeitsgericht, das Bundesverwaltungsgericht, das Bundessozialgericht und der Bundesfinanzhof. Für verfassungsrechtliche Streitigkeiten besteht außerdem das Bundesverfassungsgericht (Art. 93 GG).

Bild rechts:
Verkehrswegebündelung

Verkehr in Deutschland

Aufgrund dessen zentraler Lage in Europa besteht in Deutschland ein sehr hohes Verkehrsaufkommen. Insbesondere für den Güterverkehr stellt es ein wichtiges Transitland dar. Durch das Konzept der Transeuropäischen Netze soll Deutschland als Transferraum zwischen dem ersten europäischen Kernwirtschaftsraum (der sogenannten Blauen Banane, zu der auch Westdeutschland gehört) und dem Kernwirtschaftsraum in Ostmitteleuropa, zu dem auch Ostdeutschland gehört, gefördert werden. Wichtige Projekte in diesen Netzen sind die Eisenbahnachse Berlin–Palermo und die Magistrale für Europa. Ferner ist Deutschland der westliche Ausgangspunkt einiger Paneuropäischer Verkehrskorridore.

Der Güterverkehr hat sich in den vergangenen Jahrzehnten stetig von der Schiene auf die Straße verlagert, so dass die Bundesregierung 2005 eine Autobahnmaut für LKW eingeführt hat. Aber auch der Individualverkehr hat stark zugenommen, so dass auf deutschen Straßen ein im internationalen Vergleich sehr hohes Verkehrsaufkommen herrscht, auch wegen des regen Transitverkehrs, der durch Deutschlands geographische Kernlage in Europa bedingt ist. Dennoch wurden im Bereich des Schienenverkehrs vor allem Nebenstrecken sowie Güter- und Rangierbahnhöfe stillgelegt sowie Personenfernverkehrsverbindungen eingestellt. Auch für die Zukunft wird eine starke Zunahme des Verkehrs erwartet. Deshalb sieht der Bundesverkehrswegeplan 2003 im Zeitraum 2001–2015 ein Investitionsvolumen von insgesamt etwa 150 Milliarden Euro vor, um den erwarteten Zuwachs im motorisierten Personenverkehr um 20 Prozent (1997–2015) und im Güterverkehr um 64 Prozent (1997–2005) zu bewältigen.

Straße

Bereits die Römer legten gepflasterte Straßen in Deutschland an, die aber wieder verfielen. Die ersten Chausseen wurden im 18. Jahrhundert erbaut. Die Erfindung des Automobils gab dem Straßenbau neue Impulse. Die erste Autobahn der Welt, die AVUS in Berlin, wurde 1921 in Deutschland gebaut. Der Straßenverkehr hat in der zweiten Hälfte des 20. Jahrhunderts die Eisenbahn als wichtigsten Verkehrsträger abgelöst. Deutschland besitzt eines der dichtesten Straßennetze der Welt. Das Bundesfernstraßennetz umfasste am 1. Januar 2007

12.531 Kilometer Autobahnen und 40.711 Kilometer Bundesstraßen. Weiterhin umfasste das überörtliche Straßennetz 86.597 Kilometer Landesstraßen, 91.520 Kilometer Kreisstraßen und die Gemeindeverbindungsstraßen.

Im Jahr 2006 starben 5.094 Menschen im Straßenverkehr; diese Zahl der Verkehrstoten sinkt jedoch stetig. Um die Gefahren und Belastungen des Straßenverkehrs zu reduzieren, wurden in vielen deutschen Städten Fußgängerzonen, verkehrsberuhigte Zonen und Tempo-30-Zonen eingerichtet.

Eisenbahn

Deutschland verfügt über ein Eisenbahnnetz von etwa 35.000 Kilometern Länge. Es wird täglich von bis zu etwa 50.000 Personen- und Güterzügen befahren.

Im Rahmen der Bahnreform wurden die Staatsbahnen Deutsche Bundesbahn (West) und Deutsche Reichsbahn (Ost) zum 1. Januar 1994 in das privatwirtschaftliche Unternehmen Deutsche Bahn AG überführt. Es organisiert den Großteil des Eisenbahnverkehrs in Deutschland. Neben der DB AG befahren rund 350 weitere Eisenbahnverkehrsunternehmen (zumeist nichtbundeseigene Eisenbahnen) das deutsche Eisenbahnnetz. Während sich der Staat aus dem operativen Betrieb zurückgezogen hat, finanziert er den Großteil des Netzunterhalts und -Ausbaus sowie (über Regionalisierungsmittel) weitgehend den Regionalverkehr.

Regionalverkehr (Regional-Express (RE), Regionalbahn (RB), S-Bahnen und Interregio-Express (IRE)) und Fernverkehr (InterCity (IC) und Intercity-Express (ICE)) fahren weitgehend nach Taktfahrplan. Für Fernzüge stehen Schnellfahrstrecken in einer Gesamtlänge von etwa 2000 Kilometer zur Verfügung.

Während die Marktanteile der Eisenbahn über lange Jahre kontinuierlich zurückgingen und deshalb umfangreiche Rationalisierungsmaßnahmen durchgeführt wurden, steigen ihre Anteile seit etwa 2005 wieder, insbesondere im Güterverkehr, kontinuierlich. Mit einem Wachstum der Verkehrsleistung von über zehn Prozent pro Jahr ist der Schienengüterverkehr der am schnellsten wachsende Verkehrsträger in Deutschland.

Die dritte Stufe der Bahnreform, in Form einer teilweisen Kapitalprivatisierung der Deutschen Bahn AG, steht im Kreuzfeuer öffentlicher Kritik.

Luftverkehr

Der Flughafen Frankfurt am Main ist das Drehkreuz der deutschen Fluggesellschaft Lufthansa und gemessen an der Anzahl abgefertigter Passagiere der drittgrößte Flughafen Europas, gemessen am Frachtaufkommen der größte Flughafen Europas. Der Flughafen München hat in den letzten Jahren stark an Bedeutung gewonnen, bleibt mit knapp 32 Millionen Passagieren jährlich aber noch weit hinter Frankfurt mit 52,8 Millionen Passagieren zurück. Im Bau befindet sich derzeit der Großflughafen Berlin Brandenburg International, der nach seiner für das Jahr 2011 geplanten Inbetriebnahme voraussichtlich der drittgrößte Flughafen Deutschlands nach Frankfurt/Main und München sein wird.

Mit rund 430 Flughäfen und Flugplätzen verfügt Deutschland über die größte Dichte an Start- und Landeplätzen weltweit.

Seeverkehr und Schifffahrt

Aufgrund des überproportional hohen Außenhandelsanteils ist Deutschland in erheblicher Weise auf den Seehandel angewiesen. Es verfügt über eine Anzahl moderner Seehäfen, wickelt aber auch große Anteile seines Handels nach Übersee über die Häfen von Nachbarländern, vor allem der Niederlande, ab.

Um künftig wieder größere Anteile in eigenen Häfen umzuschlagen, gibt es derzeit mehrere große Bauprojekte. Dazu gehört der Bau eines vierten Container-Terminals in Bremerhaven, die geplante – und sehr umstrittene – Vertiefung von Weser und Elbe und der neue Tiefwasserhafen JadeWeserPort in Wilhelmshaven.

Er wird als einziger echter Tiefwasserhafen in Deutschland ab 2010 die größten dann in Fahrt befindlichen Containerschiffe abfertigen können. Die drei umschlagstärksten Seehäfen in Deutschland sind Hamburg, Wilhelmshaven und Bremen mit Bremerhaven. Der wichtigste Ostseehafen ist Lübeck.

Wichtigste Seeschifffahrtsstraßen sind Unterelbe und Unterweser. Der Nord-Ostsee-Kanal ist auch für den Transitverkehr bedeutsam. Vor der deutschen Ostseeküste liegt mit der Kadetrinne die meistbefahrene und unfallgefährdete Schiffsroute der Ostsee.

Es gibt in Deutschland ein gut ausgebautes Netz von Wasserstraßen für die Binnenschifffahrt. Die wichtigsten schiffbaren Flüsse sind Rhein, Main, Weser und Elbe. Bedeutende Binnenkanäle sind der Mittellandkanal, der Dortmund-Ems-Kanal, der Rhein-Herne-Kanal und der Elbeseitenkanal.

Der Main-Donau-Kanal überwindet die große europäische Wasserscheide und ermöglicht so einen direkten Schifffahrtsweg von der Nord- und Ostsee zum Schwarzen Meer. Der Komplex der Duisburg-Ruhrorter Häfen ist mit einem Umschlag von mehr als 70 Millionen Tonnen der wichtigste und umschlagsstärkste Binnenhafen Deutschlands und zudem der größte Binnenhafen der Welt, gefolgt vom Mannheimer Hafen.

Hamburger Hafen

Soziales, Sozialpolitik, Bildung

In Deutschland ist die rechtliche Gleichstellung der Geschlechter weitgehend verwirklicht. Auch bietet Deutschland seinen Bewohnern vergleichsweise umfangreiche rechtliche Ansprüche auf soziale Absicherung. Für Arbeitnehmer besteht eine Pflichtmitgliedschaft in der Sozialversicherung, die aus fünf sogenannten Säulen besteht: Krankenversicherung, Unfallversicherung, Rentenversicherung, Arbeitslosenversicherung und Pflegeversicherung. Diese soziale Grundsicherung wird grundsätzlich durch Beiträge der Versicherten finanziert, die Defizite allerdings durch Steuergelder ausgeglichen.

Ungeachtet dieser sozialrechtlichen Ansprüche lebten in Deutschland 2003 etwa 15 Prozent der Kinder bis 15 Jahre und mehr als 19 Prozent der Jugendlichen zwischen 16 und 24 Jahren unterhalb der Armutsgrenze, wobei die Armut von Kindern in Deutschland nach UN-Angaben stärker wächst als in den meisten anderen Industrieländern.

Auch die Zahl der funktionalen Analphabeten liegt in Deutschland noch immer, je nach Abgrenzungsmethode, zwischen etwa 6,5 Prozent und mehr als 11 Prozent der erwachsenen Bevölkerung.

Die Geschichte der Sozialversicherung beginnt im Kaiserreich. Spätere Regierungen haben sie nach und nach erweitert und um zusätzliche soziale Transferleistungen ergänzt, wodurch heute ein großer Teil des Staatshaushaltes für Soziales verwendet wird.

Das deutsche Gesundheitswesen gehört zu den höchst entwickelten der Welt, was sich in der international sehr niedrigen Rate der Kindersterblichkeit, der hohen durchschnittlichen Lebenserwartung sowie dem hohen Prozentsatz erfolgreicher Operationen zeigt.

Deutschland verfügt über ein umlagenfinanziertes Rentensystem. Dies bedeutet, dass die jeweils arbeitende Bevölkerung durch ihre Beiträge die Zahlungen an die Rentner finanziert. Die derzeit niedrige Geburtenrate sowie die hohe Arbeitslosigkeit stellen ein Problem für dieses Rentensystem dar.

Durch die Sozialhilfe ist die finanzielle Grundabsicherung sichergestellt.

Neben den vom Staat organisierten Transferleistungen der Bürger untereinander gibt es noch innerstaatliche Transferleistungen.

Durch den Länderfinanzausgleich sind Bundesländer mit hohem Steueraufkommen dazu verpflichtet, einen Teil ihrer Einnahmen an schlechter gestellte Länder abzugeben, damit die Lebensverhältnisse in Deutschland nicht zu weit auseinander gehen. Durch den auf die Einkommenssteuer erhobenen Solidaritätszuschlag sollen die den neuen Bundesländern entstandenen teilungsbedingten Lasten gemildert werden.

Bildung

Das Bildungswesen liegt in der Verantwortung der Länder, wird jedoch durch deutschlandweite Konferenzen der Kultusminister koordiniert. Je nach Land besteht eine neun- bis dreizehnjährige Schulpflicht. Der Besuch der allgemeinbildenden Schulen dauert mindestens neun Jahre. Danach können weiterführende Schulen bzw. berufsbildende Schulen besucht werden. Die meisten deutschen Bundesländer haben ein gegliedertes Schulsystem mit Hauptschule, Realschule und Gymnasium. Die Hochschulreife wird – je nach Bundesland – nach zwölf oder dreizehn Schuljahren erworben.

Praktisch alle jungen Erwachsenen besuchen nach der Schule eine weiterführende Bildungseinrichtung. Auszubildende in Betrieben besuchen an ein oder zwei Tagen in der Woche die Berufsschule. Studierende können zwischen universitären und anwendungsorientierten Hochschulen (Fachhochschulen) wählen.

Auch die berufliche Weiterbildung spielt eine große Rolle. Für Arbeitslose stellt die Bundesagentur für Arbeit Weiterbildungsgutscheine bereit. Vor ihrer beruflichen Ausbildung können Jugendliche außerdem sogenannte Freiwilligendienste, wie ein Freiwilliges Soziales Jahr oder ein Freiwilliges Ökologisches Jahr, absolvieren.

Die OECD kritisiert die deutsche Bildungspolitik, da insbesondere die Schulerfolge von Kindern mit Migrationshintergrund unter dem Durchschnitt liegen (PISA-Studien). Entgegen den Reformbemühungen der letzten Jahrzehnte ist es weiterhin statistisch signifikant unwahrscheinlicher, dass Arbeiterkinder das Abitur oder einen Hochschulabschluss erreichen, als Kinder aus den Mittel- oder Oberschichten. Die Ausgaben für Bildung (4,6 Prozent des Bruttoinlandsprodukts) liegen im OECD-Vergleich unter dem Durchschnitt.

Bildung, Wissenschaft

Die schulische Förderung im Grundschulalter gilt als verbesserungswürdig, insbesondere was Betreuungsmöglichkeiten und gezielte Förderung schwächerer Schüler angeht.

Wissenschaft

In Deutschland sind Universitäten, Technische Universitäten und Fachhochschulen Einrichtungen der Forschung und wissenschaftlichen Lehre. Die (Technischen) Universitäten sind zu Promotions- und Habilitationsverfahren berechtigt. Beide Verfahren sollen Bildung nachweisen und wissenschaftliche Erkenntnisse enthalten. Mit der Einführung internationaler Abschlussbezeichnungen im Zuge des Bologna-Prozess wird die bisherige Trennung in den Bezeichnungen im tertiären, akademischen Bildungsbereich zwischen Fachhochschulen und Universitäten aufgeweicht. Einzelne Hochschuleinrichtungen bilden überhaupt nicht im tertiären Bildungsbereich aus, sondern sind zur postgradualen Bildung oder ausschließlich zur Promotion und Habilitation eingerichtet. Die überwiegende Mehrheit der deutschen Hochschulen sind in öffentlicher Trägerschaft, werden aber in ihrer Forschung über Drittmittel finanziert (Deutsche Forschungsgemeinschaft, Stiftungen, Unternehmen und andere).

Neben den Universitäten gibt es eine größere Anzahl von Forschungsorganisationen, die deutschlandweit und darüber hinaus tätig sind. Dabei wurde in Deutschland ein System der Arbeitsteilung zwischen der außeruniversitären Forschung und den Universitäten aber auch zwischen den Organisationen geschaffen. Die Max-Planck-Gesellschaft verpflichtet sich der Grundlagenforschung. Sie führt 78 Institute in Deutschland und besitzt ein Jahresbudget von 1,3 Milliarden Euro. Die Helmholtz-Gemeinschaft ist die größte wissenschaftliche Gesellschaft in Deutschland und betreibt 15 sogenannte Großforschungszentren, die fächerübergreifend an wissenschaftlichen Komplexen arbeiten. Die Fraunhofer-Gesellschaft ist die größte Organisation der angewandten Forschung. Sie greift in ihren 56 Instituten Ergebnisse der Grundlagenforschung auf und versucht sie wirtschaftlich zu erschließen. Sie stellt der Wirtschaft die Dienstleistung der Auftragsforschung bereit. Weltweite Bekanntheit erlangte sie durch die Entwicklung des MP3-Audioformats. Sie gehört zu den wichtigsten Patentanmeldern und -besitzern in Deutschland. Die Leibniz-Gemeinschaft ist ein Verbund eigenständiger Forschungseinrichtungen, die sowohl in der Grundlagenforschung als auch in der angewandten Forschung arbeiten.

Aus Deutschland stammen zahlreiche Forscher aus allen Bereichen der modernen Wissenschaften. Albert Einstein und Max Planck begründeten mit ihren Theorien wichtige Säulen der theoretischen Physik, auf denen beispielsweise Werner Heisenberg und Max Born weiter aufbauen konnten. Wilhelm Conrad Röntgen, der erste Physik-Nobelpreisträger, entdeckte und untersuchte die nach ihm benannten Strahlen, die heute eine kaum wegzudenkende Rolle unter anderem in der medizinischen Diagnostik und der Werkstoffprüfung spielen. Heinrich Rudolf Hertz schrieb bedeutende Arbeiten zur elektromagnetischen Strahlung, die für die heutige Telekommunikationstechnik maßgeblich sind. Die Entwicklungen von Nikolaus Otto, Rudolf Diesel, Gottlieb Daimler und Carl Benz haben das Verkehrswesen revolutioniert, die nach Ihren Erfindern benannten Bunsenbrenner und Zeppeline sind weltweit ein Begriff. Die chemische Forschung wurde unter anderem von Otto Hahn und Justus von Liebig

mit geprägt. Mit ihren erfolgreichen Erfindungen sind Namen wie Johann Gutenberg, Werner von Siemens, Wernher von Braun, Konrad Zuse und Johann Philipp Reis Bestandteile der der technologischen Allgemeinbildung. Auch viele bedeutende Mathematiker wurden in Deutschland geboren, so zum Beispiel Adam Riese, Friedrich Bessel, Richard Dedekind, Carl Friedrich Gauß, David Hilbert, Emmy Noether, Bernhard Riemann, Karl Weierstraß und Johannes Müller (Regiomontanus). Weitere wichtige deutsche Forscher und Wissenschaftler sind Christiane Nüsslein-Volhard, Gottfried Wilhelm Leibniz, Alexander von Humboldt, Max Müller, Theodor Mommsen, Robert Koch und Max Weber.

Feiern und Feste

Eine der größten touristischen Attraktionen ist das Oktoberfest in München (mundartlich auch „d' Wiesn"), das größte Volksfest der Welt. Bedeutende Veranstaltungen von Karneval, Fastnacht und Fasching sind unter anderem der Kölner Karneval, die Mainzer Fastnacht und die Schwäbisch-alemannische Fastnacht.

Feiertage

Der Nationalfeiertag ist der Tag der Deutschen Einheit am 3. Oktober. Er ist der einzige vom Bund festgelegt Feiertag. Alle anderen Feiertage sind Angelegenheit der Länder. Es gibt acht weitere Tage, die in allen 16 Ländern Feiertage sind: mit christlichem Hintergrund: Karfreitag, Ostermontag, Christi Himmelfahrt, Pfingstmontag und die beiden Weihnachtsfeiertage; ohne christlichen Hintergrund Neujahr und der Tag der Arbeit.

Zusammen mit allen Sonntagen gelten die Feiertage als „Tage der Arbeitsruhe und der seelischen Erhebung".

Oktoberfest München

Gesellschaft

Medien

Radio und Fernsehen sind auch von deutschen Erfindern geprägt worden. Die Versorgung der Bevölkerung mit Sendungen zu allen Themen erfolgte bisher über analog verbreitetes terrestrisches Fernsehen (UHF/VHF), örtliche Kabelunternehmen (meist analog) und per Satellit. Seit 2003 erfolgt die Versorgung mit terrestrischem Fernsehen in Ballungsgebieten digital, das heißt über den DVB-T-Standard. Eine komplette Digitalisierung des Fernsehens und des Hörfunks ist geplant. Einige Anbieter bieten ihr Programm inzwischen auch über das Internet an, also im Rahmen von (oft kostenpflichtigem) IPTV bzw. als Internetradio-Angebote.

Deutschland hat ein vom Gesetzgeber gewolltes duales Rundfunksystem, das heißt neben dem gebührenfinanzierten öffentlich-rechtlichen Rundfunk existieren zahlreiche private Rundfunkanbieter, deren Programme meist werbefinanziert sind.

Beim Fernsehen in Deutschland gibt es neben dem öffentlich-rechtlichen Fernsehen, dem unter anderem die Sender der ARD und des ZDF angehören, auch private

Fernsehanbieter. Zu ihnen gehören unter anderem die ProSieben-Sat.1 Media AG, die RTL Group, MTV Networks Deutschland, NBC Universal Deutschland, die Tele München Gruppe sowie regionale Anbieter. Neben frei empfangbaren Fernsehsendern existieren außerdem digitale Bezahlfernseh-Angebote von Kabelnetzbetreibern sowie die Bezahlfernsehsender Premiere und arena.

Die Hörfunklandschaft Deutschlands ist stark von Regionalsendern geprägt, die meist nur in einem oder einigen aneinander grenzenden Bundesländern senden. Diese Radioprogramme sind oft öffentlich-rechtlich dominiert und werden von den jeweiligen Landesrundfunkanstalten, wie dem Westdeutschen Rundfunk (WDR) oder dem Bayerischen Rundfunk (BR), aber auch von privaten Radioanbietern ausgestrahlt.

Die Presselandschaft des Landes ist sehr vielfältig, zu den meistgelesenen Tageszeitungen gehören zum Beispiel die Bild, die Frankfurter Allgemeine Zeitung sowie die Süddeutsche Zeitung. Wöchentlich erscheinende Nachrichtenmagazine sind unter anderem Der Spiegel und der Focus.

Sport in Deutschland

Sport hat eine hohe gesellschaftliche Bedeutung. 2006 waren etwa 27 Millionen Deutsche in 89.000 Sportvereinen organisiert. Deutschland ist Dritter im ewigen Medaillenspiegel der Olympischen Spiele.

Die meisten Sportvereine sind im neuen Deutschen Olympischen Sportbund (DOSB) zusammengefasst.

Die beliebteste Sportart in Deutschland ist Fußball. Über sechs Millionen Mitglieder und 170.000 Mannschaften sind im Deutschen Fußball-Bund organisiert, der die Fußball-Weltmeisterschaften 1974 und 2006 ausrichtete und weltweit einer der größten und erfolgreichsten Sportfachverbände ist. Deutschland ist bisher das einzige Land, das im Fußball sowohl bei den Frauen als auch den Männern Europa- und Weltmeister werden konnte.

Die Handball-Bundesliga wird oft als die beste Spielklasse der Welt angesehen, die Herren-Nationalmannschaft wurde 2007 zum dritten Mal Weltmeister.

Im Feldhockey wurde Deutschlands Herrenmannschaft 2002 und 2006 Weltmeister. Die Damen sind seit 2004 Olympiasieger.

Zu den ältesten Sportarten zählt das Sportschießen. Der Deutsche Schützenbund hat etwa 1,5 Millionen Mitglieder.

Basketball und Eishockey erfreuen sich steigender Beliebtheit, sind jedoch in Bezug auf die Fernsehzuschauerzahlen und die Medienpräsenz nicht mit dem Fußball zu vergleichen.

Tennis erlebte in den 1980er und 1990er Jahren durch die Erfolge der deutschen Berufssportler Michael Stich, Boris Becker und Stefanie Graf einen Boom, hat seitdem aber wieder etwas an Popularität verloren.

Beim Motorsport richtet sich das öffentliche Interesse besonders auf die Formel 1 und die DTM, wo deutsche Fahrer jeweils Spitzenerfolge erzielten, insbesondere der inzwischen nicht mehr aktive Michael Schumacher, der mit sieben Weltmeistertiteln der erfolgreichste Formel-1-Fahrer aller Zeiten ist.

Die Beliebtheit des Radsports hängt in starkem Maße von den aktuellen Erfolgen deutscher Fahrer ab. Jan Ullrich gehörte Ende der 90er Jahre und Anfang des 21. Jahrhunderts zu den erfolgreichsten Radsportlern der Welt.

Auch im Boxen kann Deutschland auf Erfolge zurückblicken. Herausragende Sportler waren unter anderem Max Schmeling und Henry Maske.

Im Tischtennis gilt Timo Boll als einer der besten Spieler der Welt.

Große Erfolge konnten deutsche Sportler auch in weiteren Sportarten wie Fechten, Reiten, Ringen, Rudern, Kanusport, der Leichtathletik und im Schwimmsport erreichen.

Im Wintersport sind deutsche Sportler ebenfalls sehr erfolgreich. Im Bobsport, Rennrodeln, Biathlon, Langlauf und Eisschnelllauf konnten sie regelmäßig Medaillen in Welt-, Europameisterschaften und Olympischen Spielen gewinnen. Populäre Wintersportarten mit langer Tradition sind auch das Skispringen, bei dem Sven Hannawald und Jens Weißflog Geschichte schreiben konnten und der alpine Skisport, wo allerdings die Damen deutlich erfolgreicher abschneiden als die Herren.

Olympiastadion

Allgemeines

Die deutsche Kultur hat sich, da Deutschland lange nicht als Nationalstaat existierte, über Jahrhunderte vor allem über die gemeinsame Sprache definiert. Erst im Laufe des 19. Jahrhunderts wurde der Begriff zunehmend auf Kulturbeiträge von Deutschen bzw. innerhalb deutscher Territorien bezogen. Daher sind viele Kulturschaffende zu ihrer Zeit nicht Deutsche im heutigen Sinne gewesen, an ihrer deutschen Identität bestehen aber keine Zweifel. Nicht wenige berühmte Vertreter aus Kultur und Wissenschaft waren allerdings zu ihrer Zeit in Deutschland selbst vornehmlich aus politischen oder religiösen Gründen verfemt; teilweise wurden sie ausgebürgert oder sahen sich zur Emigration veranlasst – unter ihnen beispielsweise Karl Marx, Friedrich Engels, Heinrich Heine, Kurt Tucholsky, Thomas und Heinrich Mann, Albert Einstein, Hannah Arendt und viele andere.

Vor 1871 war aufgrund mangelnder Identifikationsmöglichkeiten über gemeinsame staatliche Zugehörigkeit das kulturelle, aber auch wissenschaftliche Erbe ein wichtiges Element des deutschen Nationalbewusstseins. Aus dieser Zeit stammt der Begriff „Land der Dichter und Denker", der noch heute patriotische Verwendung findet. Zu Beginn des 20. Jahrhunderts war Deutschland die weltweit führende wissenschaftliche Nation, die auch kulturell, etwa im Film, einen der vorderen Plätze einnahm.

Der personelle Aderlass durch Emigration ab der nationalsozialistischen Machtergreifung zerstörte diesen Status. Die Folgen sind in einigen Bereichen noch heute zu spüren.

Der Verbreitung der deutschen Sprache und Kultur in der Welt dienen die Goethe-Institute mit weltweit 128 Standorten.

Laut einer Umfrage für die BBC genießt Deutschland weltweit das höchste Ansehen unter 22 untersuchten Ländern. Durchschnittlich bewerten 56 Prozent der Befragten Deutschlands Einfluss als positiv. 18 Prozent haben ein negatives Bild

Philosophie

Zu den einflussreichsten deutschen Philosophen zählen Nikolaus von Kues, Gottfried Wilhelm Leibniz, Immanuel Kant,

Georg Wilhelm Friedrich Hegel, Karl Marx, Arthur Schopenhauer, Friedrich Nietzsche und Martin Heidegger.

Mehrere bedeutsame philosophische Strömungen gingen von deutschen Philosophen aus: Der Deutsche Idealismus ebenso wie der von Karl Marx und Friedrich Engels begründete Marxismus. Im 20. Jahrhundert war vor allem die Kritische Theorie der sogenannten Frankfurter Schule von Theodor Adorno und Max Horkheimer bedeutsam. In ihrer Nachfolge wurde Jürgen Habermas zu einem der weltweit bekanntesten lebenden Philosophen.

Literatur

Die deutsche Literatur reicht zurück bis in das Mittelalter, hervorzuheben ist zum Beispiel Walther von der Vogelweide. Als die bedeutendsten deutschen Autoren gelten Johann Wolfgang Goethe und Friedrich Schiller sowie die Brüder Grimm; im 20. Jahrhundert waren deutsche Nobelpreisträger für Literatur Theodor Mommsen (1902), Paul Heyse (1910), Gerhart Hauptmann (1912), Thomas Mann (1929), Hermann Hesse (1946), Heinrich Böll (1972) und Günter Grass (1999).

Musik, historisch

Die Weltgeschichte der Musik ist in nahezu allen Zeiten in besonderem Maß von deutschen Komponisten geprägt, oft entwickelt worden.

Deutsche klassische Komponisten mit Weltruf: Heinrich Schütz, Johann Hermann Schein, Samuel Scheidt, Dietrich Buxtehude, Johannes Eccard, Valentin Rathgeber, Michael Praetorius, Johann Pachelbel, Georg Philipp Telemann, Johann Friedrich Fasch, Georg Friedrich Händel, Friedrich der Große, Johann Sebastian Bach, Carl Philipp Emanuel Bach, Wilhelm Friedemann Bach, Johann Christian Bach, Ludwig van Beethoven, Clara und Robert Schumann, Felix Mendelssohn Bartholdy, Louis Spohr, Richard Wagner, Johannes Brahms, Giacomo Meyerbeer, Carl Maria von Weber, Albert Lortzing, Richard Strauss, Carl Orff, Max Reger, Werner Egk, Franz Biebl, Paul Hindemith, Günter Bialas, Max Bruch, Hans Werner Henze, Georg Ratzinger, Karl Amadeus Hartmann, Karlheinz Stockhausen.

Deutschland und Österreich beanspruchen Wolfgang Amadeus Mozart für sich.

Ebenso in den Bereichen Orchester, Dirigenten, Musiker und Sänger ist Deutschland von jeher prägend gewesen.

Die (blühende) Entwicklung des Chorgesanges in Deutschland wurde durch den Zweiten Weltkrieg unterbrochen und auch in der Folgezeit stark gebremst. Erst seit den letzten Jahrzehnten des 20. Jahrhunderts findet in dieser Richtung wieder ein Aufschwung von internationaler Bedeutung statt.

Musik, Gegenwart

Deutschland ist heute der viertgrößte Musikmarkt der Welt und hat auch die Pop- und Rockmusik durch Künstler wie Udo Lindenberg, Herbert Grönemeyer, Nena, Dieter Bohlen und Xavier Naidoo weitgehend beeinflusst. Darüber hinaus verfügt Deutschland über eine ansehnliche Zahl an international bedeutenden Jazzmusikern wie Albert Mangelsdorff, Peter Brötzmann, Theo Jörgensmann und Eberhard Weber. Auch bei der Entwicklung der elektronischen Musik haben Interpreten aus Deutschland (insbesondere die Band Kraftwerk) und Klaus Schulze bedeutende Pionierarbeit geleistet. Weitere deutsche Exportschlager sind und waren Blind Guardian, Modern Talking, Scorpions und Rammstein. Rammstein ist derzeit die einzige Band, die weltweit mit deutschen Texten dauerhaft in den Charts ist.

In letzter Zeit ist deutschsprachige Popmusik im Land wieder populärer geworden. Wichtige Vertreter dieses Genres sind unter anderem die Bands Wir sind Helden, Juli und Silbermond. Ein weiteres aktuelles Phänomen der deutschen Musikkultur ist auch die Band Tokio Hotel, welche vor allem bei weiblichen Teenagern beliebt ist. Seit Ende der 1990er Jahre tauchen auch immer mehr deutschsprachige Hip-Hop-Künstler nach amerikanischem Gangster-Rap-Vorbild auf, wie zum Beispiel Bushido, Kool Savas oder Sido. Die Musikkultur der Jugend wird stark durch die Fernsehsender MTV und VIVA beeinflusst. Seit der Entstehung in den 1980er Jahren ist deutschsprachiger Punkrock verbreitet. Die mit erfolgreichsten Punkbands sind Die Toten Hosen und Die Ärzte.

Malerei

Bedeutende deutsche Renaissancekünstler sind unter anderem Albrecht Altdorfer, Lucas Cranach der Ältere, Matthias Grünewald, dessen Hauptwerk der berühmte Schongauer Altar ist, Hans Holbein der Jüngere und der wohl bekannteste unter ihnen Albrecht Dürer. Die bedeutendsten aus Deutschland stammenden Barockmeister sind Cosmas Damian Asam, sowie der in Siegen geborene, aber nach Antwerpen ausgewanderte Peter Paul Rubens. Weitere Künstler von Weltruf sind der Romantiker Caspar David Friedrich, der Surrealist Max Ernst, der Expressionist Otto Dix, der Konzeptualist Joseph Beuys oder der Neoexpressionist Georg Baselitz.

Architektur

Deutschland hat eine reiche und vielfältige Architekturgeschichte, die eng verwoben mit der abendländischen Architekturgeschichte der Nachbarländer ist. Grundlage war vor Allem die Architektur der römischen Antike, aus der zahlreiche Bauwerke erhalten sind. Einige Vorromanische Bauten wie zum Beispiel die Torhalle Lorsch zeigen heute noch die Entwicklung zur Romanik, die im Heiligen Römischen Reich etwa 1030 einsetzt. Die Gotik begann in Frankreich, die ersten gotischen Bauwerke im Heiligen Römischen Reich wurden ab etwa 1230 errichtet, zum Beispiel die Liebfrauenkirche in Trier. Um etwa 1520 kam die Renaissance aus dem Gebiet des heutigen Italien in das Heilige Römische Reich, als herausragendes Beispiel gilt das Augsburger Rathaus. Auch der Barock setzte im Heiligen Römischen Reich Deutscher Nation erst verzögert (ab 1650) ein. Einige Beispiele sind die Werke von Balthasar Neumann, die Wieskirche und das Residenzschloss Ludwigsburg. Etwa 1770 setzt die Stilepoche des Klassizismus ein. Prominente Bauwerke sind das Altes Museum in Berlin, das Schloss Charlottenhof und das Brandenburger Tor. Einige der bekanntesten Bauwerke Deutschlands wurden in der Stilepoche des Historismus (1840–1900) gebaut, als Beispiele genannt seien Neuschwanstein und der Berliner Dom.

Zu Beginn des 20. Jahrhunderts waren deutsche Architekten Vorreiter der Klassischen Moderne. Walter Gropius, Ludwig Mies van der Rohe und das Bauhaus setzten Impulse, die die Architektur bis heute weltweit prägen. Die monumentale Architektur im Nationalsozialismus stellte einen markanten Einschnitt in der deutschen Architekturgeschichte dar. In der Zeit des Wiederaufbaus

herrschte Pragmatismus vor, erst allmählich fand die Architekturszene zu neuen Ausdrucksformen. In der Bundesrepublik war das 1972 fertig gestellte Olympiastadion in München ein wichtiges Projekt, das das neue Selbstverständnis deutscher Architektur in die Welt trug.

In den letzten Jahrzehnten hat sich die Entwicklung der Architektur globalisiert. Deutsche Architekten sind weltweit aktiv, sind jedoch auf dem internationalen Architekturmarkt eher unauffällig und konnten nicht wieder an die frühere Bedeutung anknüpfen. Dennoch arbeitet die deutschen Baubranche heute insgesamt auf höchstem internationalen Niveau in Hinsicht auf Gestaltung und Baukonstruktion. Um die Wahrnehmung der Architektur im In- und Ausland zu verbessern wurde 2007 die Bundesstiftung Baukultur gegründet.

Kultur- und Baudenkmäler

Die UNESCO führt über dreißig deutsche Beiträge zum Weltkulturerbe auf, die auf 15 der 16 deutschen Länder verteilt sind. Die Liste wurde mit dem Aachener Dom 1978 eröffnet, jüngster Neuzugang war 2006 die Altstadt von Regensburg. Zudem führt die UNESCO mit der Grube Messel ein Weltnaturerbe auf.

Besonders hohe Besucherzahlen erreichen Kulturdenkmäler, die eine Vorstellung von deutscher Romantik erwecken und nicht zwingend als Weltkulturerbe ausgezeichnet sein müssen. So gehören die Schlösser Neuschwanstein und Heidelberg, die Walhalla, die mittelalterlichen Stadtkerne von Rüdesheim am Rhein und Rothenburg ob der Tauber zu den weltweit bekannten touristischen Zielen.

Zunehmender Beliebtheit erfreuen sich aber auch Denkmäler und Stadtbilder aus der Zeit der industriellen Revolution. Geschlossene historische Stadtbilder sind in den deutschen Großstädten heute kaum noch anzutreffen, da der Zweite Weltkrieg und der Wiederaufbau der Nachkriegszeit einen Großteil der Kulturdenkmäler unwiederbringlich zerstört hat.

Klein- und Mittelstädte mit weitgehend geschlossen historischen Altstadtbildern sind aber in Deutschland noch recht häufig anzutreffen.

Museen

Es existieren mehr als 6.000 Museen, wozu auch private und öffentliche Sammlungen, Schlösser und Gärten gehören. Zu den größten und bekanntesten musealen Ein-

richtungen gehören das Deutsche Museum in München, weltweit größtes naturwissenschaftlich-technisches Museum, das Germanische Nationalmuseum in Nürnberg mit einer der bedeutendsten Sammlungen zu Kultur und Kunst von der Vor- und Frühgeschichte bis zur unmittelbaren Gegenwart. Auch bildet Berlin mit der Museumsinsel und zahlreichen weltweit bedeutsamen Museen einen Schwerpunkt in der Museumslandschaft.

Popkultur, Buchmessen und Filmpreise

Seit ungefähr 1970 hat Deutschland eine blühende Popkultur, die nun vermehrt von der neuen alten Hauptstadt Berlin ausgeht, und eine selbstbewusste Musik- und Kunstszene (siehe zum Beispiel Deutschrock).

Die Frankfurter Buchmesse ist ein Treffpunkt der internationalen Literaturszene. Das größte Ereignis des deutschen Films ist die Berlinale.

Bild oben links:
Schloß Neuschwanstein

Baden-Württemberg		
Landeshauptstadt		Stuttgart
Fläche		35.751,46 km²
Einwohnerzahl		10.749.755 (31. Dezember 2007)
Bevölkerungsdichte		300 Einwohner pro km
Arbeitslosenquote		3,9 % (Juni 2008)
Schulden		44,113 Mrd. €
Kontakt		
Offizielle Website		www.baden-wuerttemberg.de
Politik		
Ministerpräsident		Günther Oettinger (CDU)
Regierende Parteien		Koalition aus CDU und FDP/ DVP
Sitzverteilung im Landtag		CDU 69 SPD 38 B90/Grüne 17 FDP/DVP 15
Letzte Wahl		26. März 2006
Nächste Wahl		2011
Stimmen im Bundesrat		6

Bayern	
Landeshauptstadt	München
Fläche	70.551,57 km²
Einwohnerzahl	12.523.000 (30. November 2007)
Bevölkerungsdichte	177,50 Einwohner pro km
Arbeitslosenquote	3,8 % (Juni 2008)
Schulden	22,766 Mrd. € (2007)
Kontakt	
Offizielle Website	www.bayern.de
Politik	
Ministerpräsident	Günther Beckstein (CSU)
Regierende Parteien	CSU
Sitzverteilung im Landtag	Koalition aus CDU und FDP/DVP
Letzte Wahl	21. September 2003
Nächste Wahl	28. September 2008
Stimmen im Bundesrat	6

Berlin, Brandenburg

Berlin	
Landeshauptstadt	Berlin
Fläche	891,85 km²
Einwohnerzahl	3.416.255 (31. Dezember 2007)
Bevölkerungsdichte	3.820 Einw. je km
Arbeitslosenquote	14,1 % (Mai 2008)
Schulden	61,0 Mrd. € (2007)
Kontakt	
Offizielle Website	www.berlin.de
Politik	
Reg. Oberbürgermeister	Klaus Wowereit (SPD)
Regierende Parteien	SPD/Die Linke
Sitzverteilung im Abgeordnetenhaus	SPD 53 CDU 37 Die Linke 23 Bündnis 90/Die Grünen 23 FDP 13
Letzte Wahl	2007
Nächste Wahl	2011
Stimmen im Bundesrat	4

Brandenburg	
Landeshauptstadt	Potsdam
Fläche	29.478,61 km²
Einwohnerzahl	2.535.737 (31. Dezember 2007)
Bevölkerungsdichte	86 Einwohner pro km²
Arbeitslosenquote	12,6 % (Juni 2008)
Schulden	19,0 Mrd. €
Kontakt	
Offizielle Website	www.brandenburg.de
Politik	
Ministerpräsident	Matthias Platzeck (SPD)
Regierende Parteien	Koalition aus SPD und CDU
Sitzverteilung im Landtag	SPD 33 Die Linke. 29 CDU 20 DVU 6
Letzte Wahl	2004
Nächste Wahl	2009
Stimmen im Bundesrat	4

Bremen	
Landeshauptstadt	Bremen
Fläche	404,28 km²
Einwohnerzahl	664.080 (1. April 2006)
Bevölkerungsdichte	1.642 Einwohner/km²
Arbeitslosenquote	11,2 % (Juni 2008)
Schulden	13,4 Mrd. € (31. Dezember 2006)
Kontakt	
Offizielle Website	www.bremen.de
Politik	
Reg. Oberbürgermeister	Jens Böhrnsen (SPD)
Regierende Parteien	SPD und Bündnis 90/Die Grünen
Sitzverteilung in der Bürgerschaft	SPD 33 CDU 23 Bündnis 90/Die Grünen 14 Die Linke 7 FDP 5 parteilos 1
Letzte Wahl	2007
Nächste Wahl	2011
Stimmen im Bundesrat	3

Hamburg	
Landeshauptstadt	Hamburg
Fläche	755,264 km²
Einwohnerzahl	1.770.629 (31. Dezember 2007)
Bevölkerungsdichte	2.330 Einwohner pro km²
Arbeitslosenquote	7,9 % (Juni 2008)
BIP	€ 88,9 Mrd. (2007)
Kontakt	
Offizielle Website	www.hamburg.de
Politik	
Erster Bürgermeister	Ole von Beust (CDU)
Regierende Parteien	Koalition aus SPD und CDU
Sitzverteilung in der Bürger-schaft	CDU 56 SPD 45 GRÜNE/GAL 12 Die Linke 8
Letzte Wahl	2008
Nächste Wahl	2012
Stimmen im Bundesrat	3

Hessen	
Landeshauptstadt	Wiesbaden
Fläche	21.114,94 km²
Einwohnerzahl	6.070.425 (30. Juni 2007)
Bevölkerungsdichte	287,4 Einwohner pro km²
Arbeitslosenquote	6,5 % (Juni 2008)
Schulden	32,6 Mrd. €
Kontakt	
Offizielle Website	www.hessen.de
Politik	
Ministerpräsident	Roland Koch (CDU)
Regierende Parteien	CDU
Sitzverteilung im Landtag	CDU 42 SPD 42 Bündnis 90/Die Grünen 9 FDP 11 Die Linke 6
Letzte Wahl	2008
Nächste Wahl	2013
Stimmen im Bundesrat	5

Mecklenburg-Vorpommern	
Landeshauptstadt	Schwerin
Fläche	23.180,14 km²
Einwohnerzahl	1.679.682 (31. Dezember 2007)
Bevölkerungsdichte	72,7 Einwohner pro km²
Arbeitslosenquote	13,5 % (Juni 2008)
Schulden	10,7 Mrd. € (Ende 2006)
Kontakt	
Offizielle Website	www.mecklenburg-vorpommern.eu
Politik	
Ministerpräsident	Harald Ringstorff (SPD)
Regierende Parteien	SPD und CDU
Sitzverteilung im Landtag	SPD 23 CDU 22 Die Linke 13 FDP 7 NPD 6
Letzte Wahl	2006
Nächste Wahl	2011
Stimmen im Bundesrat	3

Niedersachsen, Nordrhein-Westfalen

Niedersachsen	
Landeshauptstadt	Hannover
Fläche	47.624,22 km²
Einwohnerzahl	7.973.800 (30. November 2007)
Bevölkerungsdichte	168 Einwohner pro km²
Arbeitslosenquote	7,4 % (Juni 2008)
Gründung	November 1946
Schulden	51 Mrd. €
Kontakt	
Offizielle Website	www.niedersachsen.de
Politik	
Ministerpräsident	Christian Wulff (CDU)
Regierende Parteien	CDU und FDP
Sitzverteilung im Landtag	CDU 68 SPD 48 FDP 13 Grüne 12 Die Linke 10 fraktionslos 1
Letzte Wahl	2008
Nächste Wahl	2013
Stimmen im Bundesrat	6

Nordrhein-Westfalen	
Landeshauptstadt	Düsseldorf
Fläche	34.085,27 km²
Einwohnerzahl	17.996.621 (31. Dezember 2007)
Bevölkerungsdichte	528 Einwohner pro km²
Arbeitslosenquote	8,4 % (Juni 2008)
Gründung	23. August 1946
Schulden	115 Mrd. €
Kontakt	
Offizielle Website	www.nrw.de
Politik	
Ministerpräsident	Dr. Jürgen Rüttgers (CDU)
Regierende Parteien	CDU und FDP
Sitzverteilung im Landtag	CDU 89 SPD 74 FDP 12 B'90/Grüne 11
Letzte Wahl	2005
Nächste Wahl	2010
Stimmen im Bundesrat	6

Rheinland-Pfalz, Saarland

Rheinland-Pfalz		
Landeshauptstadt		Mainz
Fläche		19.853,36 km²
Einwohnerzahl		4.046.860 (30. November 2007)
Bevölkerungsdichte		203 Einwohner pro km²
Arbeitslosenquote		5,4 % (Juni 2008)
Schulden		27,2 Mrd. €
Kontakt		
Offizielle Website		www.rlp.de
Politik		
Ministerpräsident		Kurt Beck (SPD)
Regierende Parteien		SPD
Sitzverteilung im Landtag		SPD 53 CDU 38 FDP 10
Letzte Wahl		2006
Nächste Wahl		2011
Stimmen im Bundesrat		4

Saarland	
Landeshauptstadt	Saarbrücken
Fläche	2.568,70 km²
Einwohnerzahl	1.036.598 (31. Dezember 2007)
Bevölkerungsdichte	403,5 Einwohner pro km²
Arbeitslosenquote	7,1 % (Juni 2008)
Schulden	9,4 Mrd. €
Kontakt	
Offizielle Website	www.saarland.de
Politik	
Ministerpräsident	Peter Müller (CDU)
Regierende Parteien	CDU
Sitzverteilung im Landtag	CDU 27 SPD 18 Bündnis 90/Die Grünen 2 FDP/DPS 3 fraktionslos 1
Letzte Wahl	2004
Nächste Wahl	2009
Stimmen im Bundesrat	3

Sachsen, Sachsen-Anhalt

Sachsen		
Landeshauptstadt		Dresden
Fläche		18.415,51 km²
Einwohnerzahl		4.220.200 (31. Dezember 2007)
Bevölkerungsdichte		229 Einwohner pro km²
Arbeitslosenquote		12,4 % (Juni 2008)
Gründung		03. Oktober 1990
Schulden		13,8 Mrd. € (Ende 2007)
Kontakt		
Offizielle Website		www.sachsen.de
Politik		
Ministerpräsident		Stanislaw Tillich (CDU)
Regierende Parteien		CDU und SPD
Sitzverteilung im Landtag		CDU 55 Die Linke 31 SPD 13 NPD 8 FDP 7 Bündnis 90/Die Grünen 6 fraktionslos 4
Letzte Wahl		2004
Nächste Wahl		2009
Stimmen im Bundesrat		4

Bundesländer

Sachsen-Anhalt	
Landeshauptstadt	Magdeburg
Fläche	20.446,31 km²
Einwohnerzahl	2.414.917 (30. November 2007)
Bevölkerungsdichte	118 Einwohner pro km²
Arbeitslosenquote	13,8% (Juni 2008)
Schulden	22,22 Mrd. € (Anfang 2008)
Kontakt	
Offizielle Website	www.sachsen-anhalt.de
Politik	
Ministerpräsident	Wolfgang Böhmer (CDU)
Regierende Parteien	CDU und SPD
Sitzverteilung im Landtag	CDU 40 Die Linke 26 SPD 24 FDP 7
Letzte Wahl	2006
Nächste Wahl	2011
Stimmen im Bundesrat	4

Schleswig-Holstein, Thüringen

Schleswig-Holstein	
Landeshauptstadt	Kiel
Fläche	15.799,38 km²
Einwohnerzahl	2.837.810 (30. November 2007)
Bevölkerungsdichte	179,6 Einwohner pro km²
Arbeitslosenquote	7,2 % (Juni 2008)
Gründung	23. August 1946
Schulden	23,01 Mrd. € (Januar 2008)
Kontakt	
Offizielle Website	www.schleswig-holstein.de
Politik	
Ministerpräsident	Peter Harry Carstensen (CDU)
Regierende Parteien	CDU und SPD
Sitzverteilung im Landtag	CDU 30 SPD 29 FDP 4 B90/Grüne 4 SSW 2
Letzte Wahl	2005
Nächste Wahl	2010
Stimmen im Bundesrat	

Thüringen	
Landeshauptstadt	Erfurt
Fläche	16.172,10 km²
Einwohnerzahl	2.289.219 (31. Dezember 2007)
Bevölkerungsdichte	141,6 Einwohner pro km²
Arbeitslosenquote	10,8 % (Juni 2008)
Gründung	03. Oktober 1990
Schulden	15,7 Mrd. € (Januar 2008)
Kontakt	
Offizielle Website	www.thueringen.de
Politik	
Ministerpräsident	Dieter Althaus (CDU)
Regierende Parteien	CDU
Sitzverteilung im Landtag	CDU 45 Die Linke 28 SPD 15
Letzte Wahl	2004
Nächste Wahl	2009
Stimmen im Bundesrat	4

━ ━ ━ ━ ━ ━ ━ ━ ━ ━ ━ ━ ━ ━ ━ ━

Was hat es mit dem Einbürgerungstest auf sich?

Ab dem 1. September 2008 wird von jedem, der eingebürgert werden will, ein Nachweis verlangt, dass er „Kenntnisse der Rechts- und Gesellschaftsordnung und der Lebensverhältnisse in Deutschland"1 besitzt. Davon befreit sind alle, die noch keine 16 Jahre alt oder aufgrund Krankheit, Behinderung oder altersbedingt beeinträchtigt sind.

Ein deutscher Schulabschluss (Hauptschule oder höher) genügt als Nachweis. Ansonsten ist ein Einbürgerungstest2 zu machen. Nähere Beratung und Information erhalten Sie bei Ihrer Stadt- oder Kreisverwaltung. Siehe auch Ansprechpartner für Fragen zum Staatsangehörigkeitsrecht.

Was für eine Art von Test ist das und wie kann ich mich darauf vorbereiten?

Der Einbürgerungstest ist ein reiner Wissenstest in Multiple-Choice-Form. Dabei ist ein Fragebogen mit 33 Fragen zu beantworten, die das Sprachniveau B 13 voraussetzen. Für jede Frage sind vier Antwortmöglichkeiten vorgegeben, von denen nur eine die richtige ist. Wer innerhalb von 60 Minuten 17 Fragen richtig ankreuzt, hat den Test bestanden und erhält dann eine entsprechende Bescheinigung.

Die vom Bundesministerium des Innern für den bundeseinheitlichen Einbürgerungstest zugelassenen Prüfungsfragebögen4 werden nicht bekannt gegeben. Doch werden alle Fragen, die im Einbürgerungstest gestellt werden können, als Gesamtfragenkatalog von 310 Fragen veröffentlicht. Dies sind 300 Fragen aus den Themenbereichen „Leben in der Demokratie", „Geschichte und Verantwortung" und „Mensch und Gesellschaft" und zehn Fragen, die sich auf das Bundesland beziehen, in dem man lebt. Wer in Bayern lebt, sollte deshalb wissen, dass dort der Regierungschef Ministerpräsident genannt wird. Für jemand, der in Hamburg lebt, lautet die anzukreuzende richtige Antwort: Erster Bürgermeister.

Einbürgerungstest

Es gibt vielfältige Möglichkeiten, sich auf den Einbürgerungstest vorzubereiten. Zu allen Fragen des Gesamtkataloges werden demnächst kurze schriftliche Hintergrunderläuterungen veröffentlicht werden. Außerdem bieten die Bundesländer für diejenigen, die lieber in einen Unterricht mit Dozenten und anderen Kursteilnehmern gehen möchten, spezielle vorbereitende Einbürgerungskurse an. Darüber hinaus können auch Einbürgerungswilligen, die bereits lange in Deutschland leben, an Integrationskursen des Bundesamtes für Migration und Flüchtlinge teilnehmen. So können sie ihre Kenntnisse der deutschen Sprache auf das für die Einbürgerung geforderte Sprachniveau B 1 bringen und zugleich auch Kenntnisse der Rechts- und Gesellschaftsordnung und der Lebensverhältnisse in Deutschland erwerben.

Wer bereits an einem Integrationskurs teilgenommen hat und auf das dort im Orientierungskurs erworbene Wissen und seine gewachsene Vertrautheit mit den Lebensverhältnissen in Deutschland setzen kann, braucht keine Scheu vor dem Einbürgerungstest zu haben.

Wegen der Einzelheiten sollten Sie sich an Ihre Stadt- oder Kreisverwaltung wenden. Diese berät Sie nicht nur darüber, ob Sie persönlich bereits die zeitlichen und sonstigen Voraussetzungen für eine Einbürgerung erfüllen, sondern benennt Ihnen auch wohnortnahe Stellen, wo Sie dann den Einbürgerungstest machen können.

---

1 Durch Art. 5 des „Gesetzes zur Umsetzung aufenthalts- und asylrechtlicher Richtlinien der Europäischen Union" vom 19.08.2007 in § 10 Staatsangehörigkeitsgesetz als zusätzliche Einbürgerungsvoraussetzung geregelt.

2 Bundesinnenminister Dr. Wolfgang Schäuble hat am 7. Juli 2008 den Entwurf der Einbürgerungstestverordnung, die er nach Kenntnisnahme durch das Bundeskabinett noch im August 2008 erlassen wird, den Fraktionen des Deutschen Bundestages, den Bundesministerien und den Landesinnenministerien zugeleitet. Im Einklang mit dem Konzept „Bundeseinheitliche Standards für das Einbürgerungsverfahren" wird somit nach einjähriger Vorbereitungsphase zum 1. September 2008 ein solider bundeseinheitlicher Einbürgerungstest eingeführt.

Offizielle Stimmen

━━ ━━ ━━ ━━ ━━ ━━ ━━ ━━ ━━ ━━ ━━ ━━ ━━ ━━ ━━ ━━ ━━ ━━

3 Ein bestandener Einbürgerungstest ersetzt nicht den für die Einbürgerung erforderlichen Nachweis ausreichender deutscher Sprachkenntnisse auf dem Niveau B 1 des Europäischen Referenzrahmens für Sprachen.

4 Das mit der Testentwicklung beauftragte Institut zur Qualitätsentwicklung im Bildungswesen (IQB) an der Humboldt Universität zu Berlin ist eine renommierte von allen 16 Bundesländern gemeinsam finanzierte Einrichtung, die eine hervorragende wissenschaftliche Qualität und nationale und internationale Reputation im Bereich der Entwicklung und Überprüfung von Bildungsstandards (z.b. PISA-Studie) besitzt. Es hat alle Prüfungsfragen und die daraus erstellten Prüfungsfragebögen nach wissenschaftlichen Kriterien an verschiedenen Vergleichsgruppen (Hauptschüler, Realschüler, Schüler Berufsbildender Schulen mit und ohne Migrationshintergrund sowie Teilnehmern an Integrationskursen) unter Praxisbedingungen testen lassen, bevor sie vom Bundesministerium des Innern für den bundeseinheitlichen Einbürgerungstest zugelassen worden sind.

Quelle: Bundesinnenministerium, 07.07.2008

Einbürgerungstest

━━ ━━ ━━ ━━ ━━ ━━ ━━ ━━ ━━ ━━ ━━ ━━ ━━ ━━ ━━ ━━

BMI veröffentlicht Fragenkatalog zum Einbürgerungstest

Das Bundesministerium des Innern hat heute den Fraktionen des Deutschen Bundestages den Entwurf der Verordnung zur Kenntnis zugeleitet, die ab dem 1. September 2008 einen bundeseinheitlichen Einbürgerungstest einführt. Das Richtlinienumsetzungsgesetz vom 19. August 2007 hat das Bundesministerium des Innern ermächtigt,die Prüfungsmodalitäten des Einbürgerungstests und das Curriculum für den Einbürgerungskurs durch Rechtsverordnung ohne Parlamentsvorbehalt und ohne Beteiligung des Bundesrats zu regeln. Dies steht im Einklang mit dem Konzept „Bundeseinheitliche Standards für das Einbürgerungsverfahren", auf das sich die Innenministerkonferenz am 31. Mai/01. Juni 2007 mit dem Bund verständigt hatte. Die Verordnung wird dem Bundeskabinett zur Kenntnisnahme vorgelegt und Anfang August 2008 im Bundesgesetzblatt veröffentlicht. Der „Gesamtkatalog der für den bundeseinheitlichen Einbürgerungstest vorgesehenen Prüfungsfragen" wird als Anlage zur Verordnung mit veröffentlicht. Dieser Fragenkatalog wurde neben den Bundestagsfraktionen auch den Bundesressorts und den Innenministerien und Senatskanzleien für Inneres der Länder übersandt und ist unter www.bmi.bund.de ab sofort abrufbar.

Die Fragen wurden vom Institut zur Qualitätsentwicklung im Bildungswesen (IQB) der Humboldt Universität Berlin innerhalb eines Jahres entwickelt und in konkrete Prüfungsbögen mit je 33 Fragen umgesetzt. Grundlage für die Entwicklung war der im Curriculum für den ländereigenen Einbürgerungskurs detailliert nach Thema, Feinlernziele, Lerninhalte etc. beschriebene Lernstoff. Das dem Test vorausgesetzte Sprachniveau B 1 des Gemeinsamen Europäischen Referenzrahmens wird auch für die Einbürgerung gefordert. Die für die Zulassung als verbindliche Prüfungsbögen vorgesehenen Exemplare hat das IQB nach wissenschaftlichen Kriterien an verschiedenen Vergleichsgruppen unter Praxisbedingungen testen lassen. Diese waren Hauptschüler, Realschüler, Schüler Berufsbildender Schulen mit und ohne Migrationshintergrund sowie Teilnehmer an Integrationskursen. Auch die nach der Integrationskursverordnung berufene Bewertungskommission, die sich aus Vertretern von Bundes- und Länderressorts sowie aus Experten der Politischen Bildung und der Sprachvermittlung zusammensetzt, hat sich damit vertieft befasst.

Das IQB ist eine von allen 16 Bundesländern gemeinsam finanzierte Einrichtung, die eine hervorragende wissenschaftliche Qualität und nationale und internationale Reputation im Bereich der Entwicklung und Überprüfung von Bildungsstandards (z.B. PISA-Studie) besitzt und für die Kultusministerkonferenz arbeitet.

Mit dem bundeseinheitlichen Einbürgerungstest sollen „Kenntnisse der Rechts- und Gesellschaftsordnung und der Lebensverhältnisse in Deutschland" nachgewiesen werden. Diese werden ab dem 1. September 2008 als zusätzliche Einbürgerungsvoraussetzung in § 10 Abs. 1 Satz 1 Nr. 7 des Staatsangehörigkeitsgesetzes verlangt. Dabei handelt es sich um einen Multiple-Choice-Test, der pro Frage vier Antwortmöglichkeiten vorgibt, von denen jeweils nur eine richtig ist. Wer auf dem Prüfungsfragebogen 17 der 33 Fragen richtig angekreuzt hat, hat den Test bestanden. In jedem Prüfungsfragebogen sind drei landesbezogene Fragen enthalten, die von der Grundfragestellung der zehn Landesfragen im Gesamtkatalog zwar gleich, aber von Testteilnehmern im jeweiligen Bundesland spezifisch zu beantworten sind, wie zum Beispiel die Frage nach Landeswappen oder Landeshauptstadt. Der Test kann unabhängig davon abgelegt werden, ob zuvor ein Einbürgerungskurs besucht worden ist; er kann auch wiederholt werden. Zu allen 310 Fragen des Gesamtfragenkataloges werden kurz gefasste schriftliche Hintergrunderläuterungen veröffentlicht, die auch eine individuelle Vorbereitung ermöglichen.

Die Stadt- oder Kreisverwaltungen beraten Einbürgerungswillige, ob sie bereits die sonstigen, insbesondere die zeitlichen Voraussetzungen für die Einbürgerung erfüllen. Sie informieren auch darüber, wo sie gegebenenfalls einen Sprachtest und wo sie den Einbürgerungstest ablegen können. Ein bestandener Einbürgerungstest gilt nicht als Nachweis ausreichender deutscher Sprachkenntnisse.

Quelle: Bundesinnenministerium, 07.07.2008

Lizenzhinweis

Alle Angaben in diesem Buch sind sorgfältig recherchiert, dennoch können Autor, Herausgeber und Verlag für die Richtigkeit keine Haftung übernehmen. Sollten Sie Fehler oder Unvollständigkeiten feststellen, informieren Sie uns bitte, damit wir die nächste Auflage (geplant für das Jahr 2010) entsprechend bearbeiten können:

info@spinbooks.de

Auf den folgenden Seiten finden Sie die 300 bundeseinheitlichen Fragen, die im Fragenkatalog des Bundesinnenministeriums veröffentlicht wurden (Stand: 08/2008). Hieraus werden Ihnen im Rahmen des Einbürgerungstest 30 Fragen vorgelegt. Die Auswahl dieser 30 Fragen ist, ähnlich wie bei einer Führerscheinprüfung, zufällig und kann somit nicht vorhergesehen werden. Hieraus ergibt es sich auch, dass diverse Fragen nahezu gleich lautend sind.

Um den Einbürgerungstest bestehen zu können, sollten Sie sich also möglichst mit allen Fragen und deren Antworten vertraut machen. Im Test bekommen Sie zu jeder Frage vier Auswahlantworten vorgegeben, von denen nur eine richtig ist. Wir beschränken uns darauf, die richtige Antwort direkt bei der Frage zu nennen, damit Sie sich optimal und ohne Umwege vorbereiten können.

Hinweis: Wir haben -zur besseren Übersicht- darauf verzichtet, Wappen, Karten und andere Abbildungen, die sich teilweise im Originaltest wiederholen, immer wieder abzubilden.
Im Test werden Sie teilweise aufgefordert, einem Wappen oder einem Kartenteil die richtige Bezeichnung zuzuordnen. Dabei werden Ihnen verschiedene z. B. Wappen gezeigt. Hier im Arbeitsbuch zeigen wir Ihnen bei diesen Fragen immer nur das richtige z. B. Wappen, um Verwirrungen zu vermeiden und damit Sie sich die richtige Antwort leichter einprägen können.

Die wichtigen Abbildungen zu den einzelnen Fragen finden Sie im Anhang.

Die bundeseinheitlichen Fragen

▬ ▬ ▬ ▬ ▬ ▬ ▬ ▬ ▬ ▬ ▬ ▬ ▬ ▬

001   In Deutschland dürfen Menschen offen etwas gegen die Re
gierung sagen, weil...

         hier Meinungsfreiheit gilt.

002   In Deutschland können Eltern bis zum 14. Lebensjahr ihres
Kindes entscheiden, ob es in der Schule am...

         Religionsunterricht teilnimmt.

003   Deutschland ist ein Rechtsstaat. Was ist damit gemeint?

         Alle Einwohner/innen und der Staat müssen sich an die
Gesetze halten.

004   Welches Recht gehört zu den Grundrechten in Deutschland?

         Meinungsfreiheit.

005   Wen müssen Sie in Deutschland auf Verlangen in Ihre Woh
nung lassen?

         den Vermieter / die Vermieterin.

006   Wie heißt die deutsche Verfassung?

         Grundgesetz.

007   Welches Recht gehört zu den Grundrechten, die nach der deutschen Verfassung garantiert werden? Das Recht auf...

Glaubens- und Gewissensfreiheit.

008   Was steht nicht im Grundgesetz von Deutschland?

Alle sollen gleich viel Geld haben.

009   Welches Grundrecht gilt in Deutschland nur für Ausländer/innen? Das Grundrecht auf...

Asyl.

010   Was ist mit dem deutschen Grundgesetz vereinbar?

die Geldstrafe.

011   Wie wird die Verfassung der Bundesrepublik Deutschland genannt?

Grundgesetz.

012   Eine Partei im Deutschen Bundestag will die Pressefreiheit abschaffen. Ist das möglich?

Nein, denn die Pressefreiheit ist ein Grundrecht. Es kann nicht abgeschafft werden.

Die bundeseinheitlichen Fragen

013 Wer in seiner Heimat wegen seiner politischen Meinung ver
folgt wird und deshalb nach Deutschland flieht, kann was
beantragen?

Asyl.

014 Meinungsfreiheit in Deutschland heißt, dass ich...

meine Meinung in Leserbriefen äußern kann.

015 Was verbietet das deutsche Grundgesetz?

Zwangsarbeit.

016 Wann ist die Meinungsfreiheit in Deutschland eingeschränkt?

in der öffentlichen Verbreitung falscher Behauptungen über
einzelne Personen.

017 Die deutschen Gesetze verbieten...

Ungleichbehandlung der Bürger und Bürgerinnen durch den
Staat.

018 Welches Grundrecht ist in Artikel 1 des Grundgesetzes der
Bundesrepublik Deutschland garantiert?

die Unantastbarkeit der Menschenwürde.

019   Was versteht man unter dem Recht der "Freizügigkeit" in
       Deutschland?

       Man darf sich seinen Wohnort selbst aussuchen.

020   Eine Partei in Deutschland verfolgt das Ziel, eine Diktatur zu
       errichten. Sie ist dann...

       verfassungswidrig.

021   Welches ist das Wappen der Bundesrepublik Deutschland?

       1.

022   Was für eine Staatsform hat Deutschland?

       Republik.

023 Wenn man in Deutschland ein bestimmtes Alter erreicht und aufhört zu arbeiten, was bekommt man dann meistens?

Rente.

024 Wie viele Bundesländer hat die Bundesrepublik Deutschland?

16.

025 Die Bundesrepublik Deutschland besteht aus...

16 Bundesländern.

026 Deutschland ist...

ein demokratischer und sozialer Bundesstaat.

027 Deutschland ist...

ein Bundesstaat.

028 Wer wählt in Deutschland die Abgeordneten zum Bundestag?

das wahlberechtigte Volk.

029 Welches Tier ist das Wappentier der Bundesrepublik Deutschland?

Adler.

030 Was ist kein Merkmal unserer Demokratie?

Pressezensur.

031 Die Zusammenarbeit von Parteien zur Bildung der Regierung nennt man in Deutschland...

Koalition.

032 Was ist keine staatliche Gewalt in Deutschland?

Presse.

033 Welche Aussage ist richtig? In Deutschland...

sind Staat und Religionsgemeinschaften voneinander getrennt.

034 Was ist Deutschland nicht?

eine Monarchie.

035 Womit finanziert der deutsche Staat die Sozialversicherung?

Sozialabgaben.

036 Welche Maßnahme schafft in Deutschland soziale Sicherheit?

die Krankenversicherung.

werden die Regierungschefs/innen der meisten Bundes
Jer in Deutschland genannt?

linisterpräsident/in.

038   Die Bundesrepublik Deutschland ist ein demokratischer und
sozialer...

Bundesstaat.

039   Was hat jedes deutsche Bundesland?

eine eigene Regierung.

040   Mit welchen Worten beginnt die deutsche Nationalhymne?

Einigkeit und Recht und Freiheit...

041   Warum gibt es in einer Demokratie mehr als eine Partei?

Weil dadurch die unterschiedlichen Meinungen der Bürger/
innen vertreten werden.

042   Wer beschließt in Deutschland ein neues Gesetz?

das Parlament.

043   Wann kann in Deutschland eine Partei verboten werden?

wenn sie gegen die Verfassung kämpft.

044 Wen kann man als Bürger/in in Deutschland nicht direkt wählen?

den Bundespräsidenten / die Bundespräsidentin.

045 Zu welcher Versicherung gehört die Pflegeversicherung?

Sozialversicherung.

046 Der deutsche Staat hat viele Aufgaben. Welche Aufgabe gehört dazu?

Er baut Straßen und Schulen.

047 Der deutsche Staat hat viele Aufgaben. Welche Aufgabe gehört nicht dazu?

Er bezahlt für alle Staatsangehörigen Urlaubsreisen.

048 Welches Organ gehört nicht zu den Verfassungsorganen Deutschlands?

die Bürgerversammlung.

049 Wer bestimmt in Deutschland die Schulpolitik?

die Bundesländer.

050 Die Wirtschaftsform in Deutschland nennt man...

soziale Marktwirtschaft.

Die bundeseinheitlichen Fragen

051 Zu einem demokratischen Rechtsstaat gehört es nicht, dass...

Menschen von einer Privatpolizei ohne Grund verhaftet werden.

052 Was bedeutet "Volkssouveränität"? Alle Staatsgewalt geht vom...

Volke aus.

053 Was bedeutet "Rechtsstaat" in Deutschland?

Der Staat muss die Gesetze einhalten.

054 Was ist keine staatliche Gewalt in Deutschland?

Direktive.

055 Was zeigt dieses Bild?

den Bundestagssitz in Berlin.

056   Welches Amt gehört in Deutschland zur Gemeindeverwaltung?

Ordnungsamt.

057   Es gehört nicht zu den Aufgaben des deutschen Bundesrates...

den Bundeskanzler / die Bundeskanzlerin zu wählen.

058   Wer ernennt in Deutschland die Minister/innen der Bundesregierung?

der Bundespräsident / die Bundespräsidentin.

059   Welche Parteien wurden in Deutschland 2007 zur Partei "Die Linke"?

PDS und WASG.

060   In Deutschland gehören der Bundestag und der Bundesrat zur...

Legislative.

061   Was bedeutet "Volkssouveränität"?

Die Staatsgewalt geht vom Volke aus.

Die bundeseinheitlichen Fragen

062 Wenn das Parlament eines deutschen Bundeslandes gewählt wird, nennt man das...

Landtagswahl.

063 Was gehört in Deutschland nicht zur Exekutive?

die Gerichte.

064 Die Bundesrepublik Deutschland ist heute gegliedert in...

Bund, Länder und Kommunen.

065 Es gehört nicht zu den Aufgaben des Deutschen Bundestages...

das Bundeskabinett zu bilden.

066 Wer schrieb de Text zur deutschen Nationalhymne?

Heinrich Hoffmann von Fallersleben.

067 Was ist in Deutschland vor allem eine Aufgabe der Bundesländer?

Schulpolitik.

068 Warum kontrolliert der Staat in Deutschland das Schulwesen?

Weil es nach dem Grundgesetz seine Aufgabe ist.

069 Die Bundesrepublik Deutschland hat einen dreistufigen Verwaltungsaufbau. Wie heißt die unterste politische Stufe?

Bezirksämter.   *Gemeinde*

070 Was gehört zu den Aufgaben des deutschen Bundespräsidenten / der deutschen Bundespräsidentin?

Er / Sie schlägt den Kanzler / die Kanzlerin zur Wahl vor.

071 Wo arbeitet die deutsche Bundesregierung?

in Berlin.

072 Wie heißt der jetzige Bundeskanzler / die jetzige Bundeskanzlerin von Deutschland?

Angela Merkel.

073 Die beiden größten Fraktionen im Deutschen Bundestag heißen zurzeit...

CDU/CSU und SPD.

074 Wie heißt das Parlament für ganz Deutschland?

Bundestag.

075 Wie heißt Deutschlands heutiges Staatsoberhaupt?

Horst Köhler.

076   Was bedeutet die Abkürzung CDU in Deutschland?

Christlich Demokratische Union.

077   Was ist die Bundeswehr?

die deutsche Armee.

078   Was bedeutet die Abkürzung SPD?

Sozialdemokratische Partei Deutschlands.

079   Was bedeutet die Abkürzung FDP in Deutschland?

Freie Demokratische Partei.

080   Welches Gericht in Deutschland ist zuständig für die Auslegung des Grundgesetzes?

Bundesverfassungsgericht.

081   Wer wählt den Bundeskanzler / die Bundeskanzlerin in Deutschland?

der Bundestag.

082   Wie nennt man den Regierungschef / die Regierungschefin in Deutschland?

Bundeskanzler/in.

083   Wer wählt den deutschen Bundeskanzler / die deutsche Bundeskanzlerin?

der Bundestag.

084   Welche Hauptaufgabe hat der deutsche Bundespräsident / die deutsche Bundespräsidentin? Er / Sie ...

repräsentiert das Land.

085   Wer bildet den Deutschen Bundesrat?

die Regierungsvertreter der Bundesländer.

086   Wer wählt in Deutschland den Bundespräsidenten / die Bundespräsidentin?

die Bundesversammlung.

087   Wer ist das Staatsoberhaupt der Bundesrepublik Deutschland?

der Bundespräsident / die Bundespräsidentin.

088   Die parlamentarische Opposition im Deutschen Bundestag ...

kontrolliert die Regierung.

Die bundeseinheitlichen Fragen

089   Wie nennt man in Deutschland die Vereinigung von Abgeordneten einer Partei im Parlament?

Fraktion.

090   Die deutschen Bundesländer wirken an der Gesetzgebung des Bundes mit durch ...

den Bundesrat.

091   In Deutschland kann ein Regierungswechsel in einem Bundesland Auswirkungen auf die Bundespolitik haben. Das Regieren wird ...

schwieriger, wenn dadurch die Mehrheit im Bundesrat verändert wird.

092   Was bedeutet die Abkürzung CSU in Deutschland?

Christlich Soziale Union.

093   Ab welchem Alter darf man in Deutschland bei der Bundestagswahl wählen?

ab 18 Jahren.

094   Ab welchem Alter darf man in Deutschland an der Wahl zum Deutschen Bundestag teilnehmen?

18.

095 Was gilt für die meisten Kinder in Deutschland?

Schulpflicht.

096 Was muss jeder deutsche Staatsbürger / jede deutsche Staatsbürgerin ab dem 16. Lebensjahr besitzen?

einen Personalausweis.

097 Was bezahlt man in Deutschland automatisch, wenn man fest angestellt ist?

Sozialversicherung.

098 Welche Pflicht gilt in Deutschland nur für männliche und nicht für weibliche Staatsangehörige?

Wehrpflicht.

099 Wer bezahlt in Deutschland die Sozialversicherungen?

Arbeitgeber/innen und Arbeitnehmer/innen.

100 Jede/r deutsche Staatsangehörige muss ...

mit Vollendung des 16. Lebensjahres einen gültigen Personalausweis oder einen gültigen Reisepass besitzen.

101 Gewerkschaften sind Interessenverbände der ...

Arbeitnehmer/innen.

102   Alexander muss zur Bundeswehr. Er möchte aber aus Gewis
        sensgründen nicht lernen, wie man auf Menschen schießt.
        Was kann er tun?

        Er kann Zivildienst leisten.

103   Wer ist in Deutschland "wehrpflichtig"?

        alle männlichen Staatsbürger, die 18 Jahre alt sind.

104   Eine Frau in Deutschland verliert ihre Arbeit. Was darf nicht
        der Grund für diese Entlassung sein?

        die Frau bekommt ein Kind und der Chef weiß das.

105   Was ist die Aufgabe von Wahlhelfer/innen in Deutschland?

        Sie zählen die Stimmen nach dem Ende der Wahl.

106   In Deutschland helfen ehrenamtliche Wahlhelfer/innen bei
        den Wahlen. Was ist eine Aufgabe der Wahlhelfer/innen?

        Sie zählen die Stimmen nach dem Ende der Wahl.

107   Für wie viele Jahre wird der Bundestag in Deutschland
        gewählt?

        4 Jahre.

108 Bei einer Bundestagswahl in Deutschland darf jeder wählen, der ...

Bürger/in der Bundesrepublik Deutschland ist und mindestens 18 Jahre alt ist.

109 Wie oft gibt es normalerweise Bundestagswahlen in Deutsch land?

alle vier Jahre.

110 Für wie viele Jahre wird der Bundestag in Deutschland ge wählt?

4 Jahre.

111 In Deutschland darf man wählen. Was bedeutet das?

Alle deutschen Staatsangehörigen dürfen wählen, wenn sie das Mindestalter erreicht haben.

112 Die Wahlen in Deutschland sind ...

geheim.

113 Wahlen in Deutschland gewinnt die Partei, die ...

die meisten Stimmen bekommt.

Die bundeseinheitlichen Fragen

114 An demokratischen Wahlen in Deutschland teilnehmen ist ...

ein Recht.

115 Was bedeutet "aktives Wahlrecht" in Deutschland?

Man kann wählen.

116 Wenn Sie bei einer Bundestagswahl in Deutschland wählen dürfen, heißt das ...

aktives Wahlrecht.

117 Wie viel Prozent der Zweitstimmen müssen Parteien mindes tens bekommen, um in den Deutschen Bundestag gewählt zu werden?

5%.

118 Was regelt das Wahlrecht in Deutschland?

Wer wählen darf, kann wählen.

119 Wahlen in Deutschland sind frei. Was bedeutet das?

Jede Person kann ohne Zwang entscheiden, ob sie wählen möchte und wen sie wählen möchte.

120 Das Wahlsystem in Deutschland ist ein ...

Mehrheits- und Verhältniswahlrecht.

121 Eine Partei in Deutschland möchte in den Bundestag. Sie muss aber einen Mindestanteil an Wählerstimmen haben. Das heißt ...

5%-Hürde.

122 Welchem Grundsatz unterliegen Wahlen in Deutschland? Wahlen in Deutschland sind ...

frei, gleich, geheim.

123 Was ist in Deutschland die "5%-Hürde"?

Mindestanteil an Wählerstimmen, um ins Parlament zu kommen.

124 Die Bundestagswahl in Deutschland ist die Wahl ...

des Parlaments für Deutschland.

125 In einer Demokratie ist eine Funktion von regelmäßigen Wahlen, ...

nach dem Willen der Wählermehrheit, den Wechsel der Regierung zu ermöglichen.

Die bundeseinheitlichen Fragen

126 Was bekommen wahlberechtigte Bürger/innen in Deutschland vor einer Wahl?

eine Wahlbenachrichtigung von der Gemeinde.

127 Warum gibt es die 5%-Hürde im Wahlgesetz der Bundesrepublik Deutschland?
Es gibt sie, weil ...

viele kleine Parteien die Regierungsbildung erschweren.

128 Parlamentsmitglieder, die von den Bürger/innen gewählt werden, nennt man ...

Abgeordnete.

129 Vom Volk gewählt wird in Deutschland ...

der Bundestag.

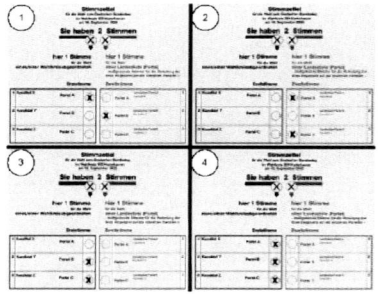

130

Welcher Stimmzettel wäre bei einer Bundestagswahl gültig?

1.

131 In Deutschland ist ein/e Bürgermeister/in ...

das Oberhaupt einer Gemeinde.

132 Viele Menschen in Deutschland arbeiten in ihrer Freizeit ehrenamtlich.
Was bedeutet das?

Sie arbeiten freiwillig und unbezahlt in Vereinen und Verbänden.

133 Was ist bei Bundestags- und Landtagswahlen in Deutschland erlaubt?

Man kann durch Briefwahl seine Stimme abgeben.

134 Man will die Buslinie abschaffen, mit der Sie immer zur Arbeit fahren. Was können Sie machen, um die Buslinie zu erhalten?

Ich beteilige mich an einer Bürgerinitiative für die Erhaltung der Buslinie oder gründe selber eine Initiative.

135 Wen vertreten die Gewerkschaften in Deutschland?

Arbeitnehmer/innen.

136 Sie gehen in Deutschland zum Arbeitsgericht bei ...

ungerechtfertigter Kündigung durch Ihre/n Chef/in.

Die bundeseinheitlichen Fragen

137   Welches Gericht ist in Deutschland bei Konflikten in der Ar
beitswelt zuständig?

das Arbeitsgericht.

138   Was kann ich in Deutschland machen, wenn mir mein/e Ar
beitgeber/in zu Unrecht gekündigt hat?

Kündigungsschutzklage erheben.

139   Wann kommt es in Deutschland zu einem Prozess vor Ge
richt? Wenn jemand ...

eine Straftat begangen hat und angeklagt wird.

140   Was macht ein/e Schöffe/in in Deutschland? Er / Sie ...

entscheidet mit Richtern/innen über Schuld und Strafe.

141   Wer berät in Deutschland Personen bei Rechtsfragen und
vertritt sie vor Gericht?

ein Rechtsanwalt / eine Rechtsanwältin.

142   Was ist die Hauptaufgabe eines Richters / einer Richterin in
Deutschland?
Ein Richter / eine Richterin ...

arbeitet an einem Gericht und spricht Urteile.

143 Ein Richter / eine Richterin in Deutschland gehört zur ...

Judikative.

144 Ein Richter / eine Richterin gehört in Deutschland zur ...

rechtsprechenden Gewalt.

145 In Deutschland wird die Staatsgewalt geteilt. Für welche Staatsgewalt arbeitet
ein Richter / eine Richterin? Für die ...

Judikative.

146 Wie nennt man in Deutschland ein Verfahren vor einem Ge richt?

Prozess.

147 Was ist die Arbeit eines Richters / einer Richterin in Deutsch land?

Recht sprechen.

148 Was ist eine Aufgabe der Polizei in Deutschland?

die Einhaltung von Gesetzen zu überwachen.

Wer kann Gerichtsschöffe / Gerichtsschöffin in Deutschland werden?

Alle deutschen Staatsangehörigen älter als 24 und jünger als 70 Jahre.

150 Ein Gerichtsschöffe / eine Gerichtsschöffin in Deutschland ist ...

ein ehrenamtlicher Richter / eine ehrenamtliche Richterin.

151 Der Zweite Weltkrieg dauerte von ...

1939 bis 1945.

152 Wann waren die Nationalsozialisten mit Adolf Hitler in Deutschland an der Macht?

1933 bis 1945.

153 Was war am 8. Mai 1945?

Ende des Zweiten Weltkriegs in Europa.

154 Wann war der Zweite Weltkrieg zu Ende?

1945.

155 Wann waren die Nationalsozialisten in Deutschland an der Macht?

1933 bis 1945.

156 In welchem Jahr wurde Hitler Reichskanzler?

1933.

157 Die Nationalsozialisten mit Adolf Hitler errichteten 1933 in Deutschland ...

eine Diktatur.

158 Das "Dritte Reich" war eine ...

Diktatur.

159 Was gab es in Deutschland nicht während der Zeit des Nationalsozialismus?

freie Wahlen.

160 Welcher Krieg dauerte von 1939 bis 1945?

der Zweite Weltkrieg.

161 Was kennzeichnete den NS-Staat? Eine Politik ...

des staatlichen Rassismus.

Die bundeseinheitlichen Fragen

162   Claus Schenk Graf von Stauffenberg wurde bekannt durch ...

das Attentat auf Hitler am 20. Juli 1944.

163   In welchem Jahr zerstörten die Nationalsozialisten Synagogen und jüdische Geschäfte in Deutschland?

1938.

164   Was passierte am 9. November 1938 in Deutschland?

Jüdische Geschäfte und Synagogen werden durch Nationalsozialisten und ihre Anhänger zerstört.

165   Wie hieß der erste Bundeskanzler der Bundesrepublik Deutschland?

Konrad Adenauer.

166   Wie hieß bis zum Jahre 2002 die Währung in der Bundesrepublik Deutschland?

Deutsche Mark.

167   Welche Länder wurden nach dem Zweiten Weltkrieg in Deutschland als "Alliierte Besatzungsmächte" bezeichnet?

USA, Sowjetunion, Großbritannien, Frankreich.

168   Welches Land war keine "Alliierte Bestzungsmacht" in
      Deutschland?

      Japan.

169   Wann wurde die Bundesrepublik Deutschland gegründet?

      1949.

170   Seit wann gibt es das Grundgesetz der Bundesrepublik
      Deutschland? Seit ...

      1949.

171   Soziale Marktwirtschaft bedeutet, die Wirtschaft ...

      richtet sich nach Angebot und Nachfrage, aber der Staat sorgt
      für einen sozialen Ausgleich.

172   In welcher Besatzungszone wurde die DDR gegründet? In der
      ...

      sowjetischen Besatzungszone.

173   Die Bundesrepublik Deutschland ist ein Gründungsmitglied ...

      der Europäischen Union (EU).

Die bundeseinheitlichen Fragen

174   Wann wurde die DDR gegründet?

       1949.

175   Wie viele Besatzungszonen gab es in Deutschland nach dem
       Zweiten Weltkrieg?

       4.

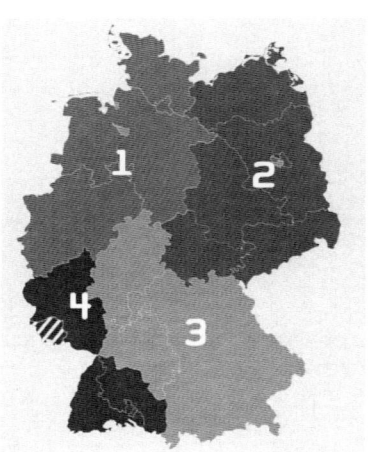

176   Wie waren die Besatzungszonen Deutschlands nach 1945
       verteilt?

       1=Großbritannien, 2=Sowjetunion, 3=USA, 4=Frankreich.

177   Welche deutsche Stadt wurde nach dem Zweiten Weltkrieg in
       vier Sektoren aufgeteilt?

       Berlin.

178   Vom Juni 1948 bis zum Mai 1949 wurden die Bürger/innen von West-Berlin durch eine Luftbrücke versorgt. Welcher Umstand war dafür verantwortlich?

Die Sowjetunion unterbrach den gesamten Verkehr auf dem Landwege.

179   Wie endete der Zweite Weltkrieg in Europa offiziell?

durch die bedingungslose Kapitulation Deutschlands.

180   Der erste Bundeskanzler der Bundesrepublik Deutschland war ...

Konrad Adenauer.

181   Was wollte Willy Brandt mit seinem Kniefall 1970 im ehemaligen jüdischen Ghetto in Warschau ausdrücken?

Er bat Polen und die polnischen Juden um Vergebung.

182   Welche Parteien wurden 1946 zwangsweise zur SED vereint, der Einheitspartei der späteren DDR?

KPD und SPD.

183   Wann war in der Bundesrepublik Deutschland das "Wirtschaftswunder"?

50er Jahre.

Die bundeseinheitlichen Fragen

184   Was nannten die Menschen in Deutschland sehr lange "Die Stunde Null"?

Darunter verstand man das Ende des Zweiten Weltkrieges und den Beginn des Wiederaufbaus.

185   Wofür stand der Ausdruck "Eiserner Vorhang"? Für die Abschottung ...

des Warschauer Pakts gegen den Westen.

186   Im Jahr 1953 gab es in der DDR einen Aufstand, an den lange Zeit in der Bundesrepublik Deutschland ein Feiertag erinnerte. Wann war das?

17. Juni.

187   Wie hieß die letzte deutsche Währung vor der Einführung des Euro?

Deutsche Mark.

188   In welchem Jahr wurde die Mauer in Berlin gebaut?

1961.

189   Wann baute die DDR die Mauer in Berlin?

1961.

190   Was bedeutet die Abkürzung DDR?

Deutsche Demokratische Republik.

191   Wann wurde die Mauer in Berlin für alle geöffnet?

1989.

192   Welches heutige deutsche Bundesland gehörte früher zum
Gebiet der DDR?

Brandenburg.

193   Von 1961 bis 1989 war Berlin ...

durch eine Mauer geteilt.

194   Am 3. Oktober feiert man in Deutschland den Tag der
deutschen ...

Einheit.

195   Welches heutige deutsche Bundesland gehörte früher zum
Gebiet der DDR?

Sachsen-Anhalt.

Die bundeseinheitlichen Fragen

196 Warum nennt man die Zeit im Herbst 1989 in der DDR "die Wende"? In dieser Zeit veränderte sich die DDR politisch ...

von einer Diktatur zur Demokratie.

197 Welches heutige deutsche Bundesland gehörte früher zum Gebiet der DDR?

Thüringen.

198 Welches heutige deutsche Bundesland gehörte früher zum Gebiet der DDR?

Sachsen.

199 Mit der Abkürzung "Stasi" meinte man in der DDR ...

das Ministerium für Staatssicherheit.

200 Welches heutige deutsche Bundesland gehörte früher zum Gebiet der DDR?

Mecklenburg-Vorpommern.

201 Welche der folgenden Auflistungen enthält nur Bundesländer, die zum Gebiet der früheren DDR gehörten?

Mecklenburg-Vorpommern, Brandenburg, Sachsen, Sachsen-Anhalt, Thüringen.

202   Zu wem gehörte die DDR im „Kalten Krieg"?

zum Warschauer Pakt.

203   Wie hieß das Wirtschaftssystem der DDR?

Planwirtschaft.

204   Wie wurden die Bundesrepublik Deutschland und die DDR zu einem Staat?

Die heutigen fünf östlichen Bundesländer sind der Bundesrepublik Deutschland beigetreten.

205   Mit dem Beitritt der DDR zur Bundesrepublik Deutschland gehören die neuen Bundesländer nun auch …

zur Europäischen Union.

206   Was bedeutet im Jahr 1989 in Deutschland das Wort „Montagsdemonstration"?

Montags waren Demonstrationen gegen das DDR-Regime.

207   In welchem Militärbündnis war die DDR Mitglied?

im Warschauer Pakt.

208   Was war die „Stasi"?

der Geheimdienst der DDR.

209   Welches war das Wappen der Deutschen Demokratischen
        Republik?

        4.

210   Was ereignete sich am 17. Juni 1953 in der DDR?

        landesweite Streiks und ein Volksaufstand.

211   Welcher Politiker steht für die „Ostverträge"?

        Willy Brandt.

212   Wie heißt Deutschland mit vollem Namen?

        Bundesrepublik Deutschland.

213   Wie viele Einwohner hat Deutschland?

82 Millionen.

214   Welche Farben hat die deutsche Flagge?

schwarz-rot-gold.

215   Wer wird als „Kanzler der deutschen Einheit" bezeichnet?

Helmut Kohl.

216   Wie heißt die Hauptstadt von Deutschland?

Berlin.

217   In welchem Jahr fand die erste gesamtdeutsche Bundestags wahl statt?

1990.

218   Wie viele Bundesländer kamen bei der Wiedervereinigung 1990 zur Bundesrepublik Deutschland hinzu?

5.

219   Die Bundesrepublik Deutschland hat die Grenzen von heute seit …

1990.

Die bundeseinheitlichen Fragen

220   Der 27. Januar ist in Deutschland ein offizieller Gedenktag. Woran erinnert dieser Tag?

an die Opfer des Nationalsozialismus.

221   Welches Land ist ein Nachbarland von Deutschland?

Frankreich.

222   Welches Land ist ein Nachbarland von Deutschland?

Schweiz.

223   Welches Land ist ein Nachbarland von Deutschland?

Polen.

224   Was bedeutet die Abkürzung EU?

Europäische Union.

225   In welchem anderen Land gibt es eine große deutschsprachige Bevölkerung?

Österreich.

226   Was zeigt das Bild?

die Flagge der Europäischen Union.

227   Welches Land ist ein Nachbarland von Deutschland?

Dänemark.

228   Welches Land ist ein Nachbarland von Deutschland?

Österreich.

229   Welches Land ist ein Nachbarland von Deutschland?

Luxemburg.

Die bundeseinheitlichen Fragen

230 Das Europäische Parlament wird regelmäßig gewählt, näm lich alle …

5 Jahre.

231 Was bedeutet der Begriff „europäische Integration"?

Der Begriff meint den Zusammenschluss europäischer Staaten zur EU.

232 Welches Land hat eine Grenze zu Deutschland?

Belgien.

233 Welches Land ist ein Nachbarland von Deutschland?

Tschechien.

234 Wo ist der Sitz des Europäischen Parlaments?

Straßburg.

235 Der französische Staatspräsident Francois Mitterand und der deutsche Bundeskanzler Helmut Kohl gedenken in Verdun gemeinsam der Toten beider Weltkriege. Welches Ziel der Europäischen Union wird bei diesem Treffen deutlich?

Frieden und Sicherheit in den Ländern der EU.

236 Wie viele Mitgliedsstaaten hat die EU heute?

27.

237 2007 wurde das 50-jährige Jubiläum der Römischen Verträge gefeiert. Was war der Inhalt der Verträge?

Gründung der Europäischen Wirtschaftsgemeinschaft (EWG).

238 An welchen Orten arbeitet das Europäische Parlament?

Straßburg, Luxemburg und Brüssel.

239 Durch welche Verträge schloss sich die Bundesrepublik Deutschland mit anderen Staaten zur Europäischen Wirtschaftsgemeinschaft zusammen?

durch die Pariser Verträge.

240 Seit wann bezahlt man in Deutschland mit dem Euro in bar?

2002.

241 Wer kann in Deutschland einen Antrag auf Ehescheidung stellen?

Frau oder Mann.

Die bundeseinheitlichen Fragen

242   Was ist ein deutsches Gesetz?

Man darf Kinder nicht schlagen.

243   Was ist in deutschen Schulen verboten?

Rauchen.

244   Welchen Schulabschluss braucht man normalerweise, um an einer Universität in Deutschland ein Studium zu beginnen?

das Abitur.

245   Wer darf in Deutschland nicht als Paar zusammen leben?

Anne (13 Jahre) und Tim (25 Jahre).

246   Ab welchem Alter ist man in Deutschland volljährig?

18.

247   Wer darf in Deutschland beim Standesamt die Eheschließung anmelden?

Frau und Mann.

248   Die Erziehung der Kinder ist in Deutschland vor allem Aufgabe ...

der Eltern.

249 Wer ist in Deutschland hauptsächlich verantwortlich für die Kindererziehung?

die Eltern.

250 Was gehört zum „Elternrecht" in Deutschland?

Eltern haben mehr Rechte als andere Bürger/innen.

251 Wenn man in Deutschland ein Kind schlägt, …

kann man dafür bestraft werden.

252 In Deutschland …

darf man zur gleichen Zeit mit nur einem Partner / einer Partnerin verheiratet sein.

253 Wo müssen Sie sich anmelden, wenn Sie in Deutschland umziehen?

beim Einwohnermeldeamt.

254 In Deutschland dürfen Ehepaare sich scheiden lassen. Meistens müssen sie dazu das „Trennungsjahr" einhalten. Was bedeutet das?

Mann und Frau führen mindestens ein Jahr getrennt ihr eigenes Leben. Danach ist die Scheidung möglich.

255 Bei Erziehungsproblemen können Eltern in Deutschland Hilfe erhalten vom …

Jugendamt.

256 Ein Ehepaar möchte in Deutschland ein Restaurant eröffnen. Was braucht es dazu unbedingt?

eine Gaststättenerlaubnis von der zuständigen Behörde

257 Eine erwachsene Frau möchte in Deutschland das Abitur nachholen.
Das kann sie an …

einem Abendgymnasium.

258 Was darf das Jugendamt in Deutschland?

Es kann ein Kind, das geschlagen wird oder hungern muss, aus der Familie nehmen.

259 Das Berufsinformationszentrum BIZ bei der Bundesagentur für Arbeit in Deutschland hilft bei der …

Lehrstellensuche.

260 In Deutschland hat ein Kind in der Schule …

Anwesenheitspflicht.

261   Ein Mann möchte mit 30 Jahren in Deutschland sein Abitur nachholen. Wo kann er das tun? An …

einem Abendgymnasium.

262   Was bedeutet in Deutschland der Grundsatz der Gleichbe handlung?

Niemand darf z. B. wegen einer Behinderung benachteiligt werden.

263   In Deutschland sind Jugendliche ab 14 Jahren strafmündig. Das bedeutet: Jugendliche, die 14 Jahre und älter sind und gegen Strafgesetze verstoßen …

werden bestraft.

264   Zu welchem Fest tragen Menschen in Deutschland bunte Kostüme und Masken?

an Rosenmontag.

265   Wohin muss man in Deutschland zuerst gehen, wenn man heiraten will?

zum Standesamt.

266   Was ist seit 2007 in vielen deutschen Restaurants gesetzlich verboten?

Rauchen.

Die bundeseinheitlichen Fragen

267   Eine junge Frau in Deutschland, 22 Jahre alt, lebt mit ihrem Freund zusammen. Die Eltern der Frau finden das nicht gut, weil ihnen der Freund nicht gefällt. Was können die Eltern tun?

Sie müssen die Entscheidung der volljährigen Tochter respektieren.

268   Ab welchem Alter darf man in Deutschland mit einem Führerschein allein Auto fahren?

ab 18.

269   Alexander ist 4 Jahre alt. Seine Eltern gehen arbeiten. Wo kann Alexander betreut werden?

im Kindergarten.

270   Die Volkshochschule in Deutschland ist eine Einrichtung …

zur Weiterbildung.

271   Was ist in Deutschland ein Brauch zu Weihnachten?

einen Tannenbaum schmücken.

272   Welche Lebensform ist in Deutschland nicht erlaubt?

Ein Mann ist mit zwei Frauen zur selben Zeit verheiratet.

273 Bei Erziehungsproblemen gehen Sie in Deutschland …

zum Jugendamt.

274 Sie haben in Deutschland absichtlich einen Brief geöffnet, der an eine andere Person adressiert ist. Was haben Sie nicht beachtet?

das Briefgeheimnis.

275 Was braucht man in Deutschland für eine Ehescheidung?

die Unterstützung eines Anwalts / einer Anwältin.

276 Was sollten Sie tun, wenn Sie von Ihrem Ansprechpartner/in in einer deutschen Behörde schlecht behandelt werden?

Ich kann mich beim Behördenleiter / bei der Behördenleiterin beschweren.

277 Eine Frau, die ein zweijähriges Kind hat, bewirbt sich in Deutschland um eine Stelle. Was ist ein Beispiel für Diskriminierung? Sie bekommt die Stelle nur deshalb nicht, weil sie …

Mutter ist.

278 Ein Mann im Rollstuhl hat sich auf eine Stelle als Buchhalter beworben. Was ist ein Beispiel für Diskriminierung? Er bekommt die Stelle nur deshalb nicht, weil er …

im Rollstuhl sitzt.

Die bundeseinheitlichen Fragen

279 In den meisten Mietshäusern in Deutschland gibt es eine „Hausordnung". Was steht in einer solchen „Hausordnung"? Sie nennt …

Regeln, an die sich alle Bewohner/innen halten müssen.

280 Wenn Sie sich in Deutschland gegen einen falschen Steuer bescheid wehren wollen, müssen Sie …

Einspruch einlegen.

281 Zwei Freunde wollen in ein öffentliches Schwimmbad in Deutschland. Beide haben eine dunkle Hautfarbe und werden deshalb nicht hinein gelassen. Welches Recht wird in dieser Situation verletzt? Das Recht auf …

Gleichbehandlung.

282 Sie möchten Ihrem Kind einen Hund schenken. Wozu sind Sie gesetzlich verpflichtet? Sie müssen den Hund …

bei der Kommune (Stadt oder Gemeinde) anmelden und Steuern zahlen.

283 Was tun Sie, wenn Sie eine falsche Rechnung von einer deut schen Behörde bekommen?

Ich lege Widerspruch bei der Behörde ein.

284 Autofahren muss man in Deutschland …

in der Fahrschule lernen.

285 Was gehört in Deutschland nicht zu den Nebenkosten einer Wohnung?

Miete.

286 Welche Organisation in einer Firma hilft den Arbeitnehmer/innen bei Problemen mit dem Arbeitgeber / der Arbeitgeberin?

der Betriebsrat.

287 Sie möchten bei einer Firma in Deutschland Ihr Arbeitsver hältnis beenden. Was müssen Sie beachten?

die Kündigungsfrist.

288 Bei welchem Amt muss man in Deutschland in der Regel seinen Hund anmelden?

bei der Kommune (Stadt oder Gemeinde).

289 Ein Mann mit dunkler Hautfarbe bewirbt sich um eine Stelle als Kellner in einem Restaurant in Deutschland. Was ist ein Beispiel für Diskriminierung?
Er bekommt die Stelle nur deshalb nicht, weil …

er eine dunkle Haut hat.

290 Sie haben in Deutschland einen Fernseher gekauft. Zu Hause packen Sie den Fernseher aus, doch er funktioniert nicht. Der Fernseher ist kaputt. Was können Sie machen?

den Fernseher reklamieren.

Die bundeseinheitlichen Fragen

291   Eine Frau und ein Mann haben unterschiedliche Religionen.
       Sie möchten heiraten. Was bedeutet das rechtlich für die
       beiden in Deutschland?

       Sie dürfen in Deutschland auf dem Standesamt heiraten.

292   Welcher Religion gehören die meisten Menschen in Deutsch
       land an?

       dem Christentum.

293   Was ist in Deutschland ein Brauch an Ostern?

       Eier bemalen.

294   „Pfingsten" ist ein ...

       christlicher Feiertag.

295   Welche Religion hat die europäische und deutsche Kultur
       geprägt?

       das Christentum.

296   In Deutschland nennt man die letzten vier Wochen vor Weih
       nachten ...

       die Adventszeit.

297 Aus welchem Land sind die meisten Migranten / Migrantinnen nach Deutschland gekommen?

Türkei.

298 In der DDR lebten vor allem Migranten aus …

Vietnam, Polen, Mosambik.

299 Ausländische Arbeitnehmer/innen, die in den 50er- und 60er Jahren von der Bundesrepublik Deutschland angeworben wurden, nannte man …

Gastarbeiter/innen.

300 Aus welchem Land kamen die ersten Gastarbeiter/innen nach Deutschland?

Italien.

Die Karte der Bundesrepublik Deutschland

SCHLESWIG-HOLSTEIN

MECKLENBURG-VORPOMMERN

BREMEN HAMBURG

NIEDERSACHSEN

BERLIN

BRANDENBURG

NORDRHEIN-WESTFALEN

SACHSEN-ANHALT

SACHSEN

THÜRINGEN

HESSEN

RHEINLAND-PFALZ

SAARLAND

N

BAYERN

BADEN-WÜRTTEMBERG

Deutschland

| 0 | 50 | 100 |
km

Länderspezifische Fragen

Auf den folgenden Seiten finden Sie die je 10 länderspezifischen
Fragen zu den einzelnen Bundesländern der Bundesrepublik Deutschland, die im Fragenkatalog des Bundesinnenministeriums veröffentlicht
wurden (Stand: 08/2008). Im Rahmen des Einbürgerungstest werden
Ihnen zusätzlich zu den 30 bundeseinheitlichen Fragen auch Fragen
zu dem Bundesland, in dem Sie wohnen, gestellt.

Um den Einbürgerungstest bestehen zu können, sollten Sie sich also
auch mit diesen Fragen und deren Antworten vertraut machen. Im Test
bekommen Sie zu jeder Frage vier Auswahlantworten vorgegeben, von
denen nur eine richtig ist. Wir beschränken uns darauf, die richtige Antwort direkt bei der Frage zu nennen, damit Sie sich optimal und ohne
Umwege vorbereiten können.

Hinweis: Wir haben -zur besseren Übersicht- darauf verzichtet, Wappen, Karten und andere Abbildungen, die sich teilweise im Originaltest
wiederholen, immer wieder abzubilden.
Im Test werden Sie teilweise aufgefordert, einem Wappen oder einem
Kartenteil die richtige Bezeichnung zuzuordnen. Dabei werden Ihnen
verschiedene z. B. Wappen gezeigt. Hier im Arbeitsbuch zeigen wir
Ihnen bei diesen Fragen immer nur das richtige z. B. Wappen, um Verwirrungen zu vermeiden und damit Sie sich die richtige Antwort leichter
einprägen können.

Die wichtigen Abbildungen zu den einzelnen Fragen finden Sie im
Anhang.

Die länderspezifischen Fragen

Länderspezifische Fragen für das Bundesland Baden-Württemberg

001 Welches Wappen gehört zum Bundesland
Baden-Württemberg?
(Siehe Abbildungen im Anhang des Fragenkataloges)

1.

002 Welches ist ein Landkreis in Baden-Württemberg?

Neckar-Odenwald-Kreis.

003 Für wie viele Jahre wird der Landtag in Baden-Württemberg
gewählt?

5.

004 Ab welchem Alter darf man in Baden-Württemberg bei Kommunalwahlen wählen?

18.

005 Welche Farben hat die Landesflagge von Baden-Württemberg?

schwarz-gold.

006 Wo können Sie sich in Baden-Württemberg über politische Themen informieren?

bei der Landeszentrale für politische Bildung.

007 Die Landeshauptstadt von Baden-Württemberg heißt ...

Stuttgart.

008 Welches Bundesland ist Baden-Württemberg?
(Siehe Landkarte im Anhang des Fragenkataloges)

2.

009 Wie nennt man den Regierungschef / die Regierungschefin in Baden-Württemberg?

Ministerpräsident / Ministerpräsidentin.

010 Welchen Minister / welche Ministerin hat Baden-Württemberg nicht?

Außenminister / Außenministerin.

Länderspezifische Fragen für den Freistaat Bayern

001   Welches Wappen gehört zum Freistaat Bayern?
        (Siehe Abbildungen im Anhang des Fragenkataloges)

        2.

002   Welches ist ein Landkreis in Bayern?

        Altötting.

003   Für wie viele Jahre wird der Landtag in Bayern gewählt?

        5.

004   Ab welchem Alter darf man in Bayern bei Kommunalwahlen
        wählen?

        18.

005   Welche Farben hat die Landesflagge von Bayern?

        weiß-blau.

006   Wo können Sie sich in Bayern über politische Themen
        informieren?

        bei der Landeszentrale für politische Bildung.

007   Die Landeshauptstadt von Bayern heißt …

        München.

008   Welches Bundesland ist Bayern?
        (Siehe Landkarte im Anhang des Fragenkataloges)

        4.

009   Wie nennt man den Regierungschef / die Regierungschefin in
        Bayern?

        Ministerpräsident / Ministerpräsidentin.

010   Welchen Minister / welche Ministerin hat Bayern nicht?

        Außenminister / Außenministerin.

Die länderspezifischen Fragen

Länderspezifische Fragen für das Bundesland Berlin

001   Welches Wappen gehört zum Bundesland Berlin?
(Siehe Abbildungen im Anhang des Fragenkataloges)

4.

002   Welches ist ein Bezirk von Berlin?

Pankow.

003   Für wie viele Jahre wird das Landesparlament in Berlin gewählt?

4.

004   Ab welchem Alter darf man in Berlin bei Kommunalwahlen
(Wahl der Bezirksverordnetenversammlung) wählen?

18.

005   Welche Farben hat die Landesflagge von Berlin?

weiß-rot.

006   Wo können Sie sich in Berlin über politische Themen
informieren?

bei der Landeszentrale für politische Bildung.

007   Welches Bundesland ist ein Stadtstaat?

       Berlin.

008   Welches Bundesland ist Berlin?
       (Siehe Landkarte im Anhang des Fragenkataloges)

       4.

009   Wie nennt man den Regierungschef / die Regierungschefin
       des Stadtstaates Berlin?

       Regierender Bürgermeister / Regierende Bürgermeisterin.

010   Welchen Senator / welche Senatorin hat Berlin nicht?

       Senator / Senatorin für Außenbeziehungen.

Länderspezifische Fragen für das Bundesland Brandenburg

001   Welches Wappen gehört zum Bundesland Brandenburg?
(Siehe Abbildungen im Anhang des Fragenkataloges)

         1.

002   Welches ist ein Landkreis in Brandenburg?

         Prignitz.

003   Für wie viele Jahre wird der Landtag in Brandenburg gewählt?

         5.

004   Ab welchem Alter darf man in Brandenburg bei Kommunalwahlen wählen?

         18.

005   Welche Farben hat die Landesflagge von Brandenburg?

         rot-weiß.

006   Wo können Sie sich in Brandenburg über politische Themen
informieren?

         bei der Landeszentrale für politische Bildung.

007   Die Landeshauptstadt von Brandenburg heißt ...

        Potsdam.

008   Welches Bundesland ist Brandenburg?
        (Siehe Landkarte im Anhang des Fragenkataloges)

        4.

009   Wie nennt man den Regierungschef / die Regierungschefin in
        Brandenburg?

        Ministerpräsident / Ministerpräsidentin.

010   Welchen Minister / welche Ministerin hat Brandenburg nicht?

        Außenminister / Außenministerin.

Länderspezifische Fragen für das Bundesland Bremen

001   Welches Wappen gehört zum Bundesland Bremen?
(Siehe Abbildungen im Anhang des Fragenkataloges)

3.

002   Welches ist ein Stadtteil von Bremen?

Hemelingen.

003   Für wie viele Jahre wird das Landesparlament in Bremen
gewählt?

4.

004   Ab welchem Alter darf man in Bremen bei den Wahlen zur
Bürgerschaft (Landtag) wählen?

18.

005   Welche Farben hat die Landesflagge von Bremen?

rot-weiß.

006   Wo können Sie sich in Baden-Württemberg über politische
Themen informieren?

bei der Landeszentrale für politische Bildung.

007   Was ist ein deutscher Stadtstaat?

Bremen.

008   Welches Bundesland ist Bremen?
(Siehe Landkarte im Anhang des Fragenkataloges)

1.

009   Wie nennt man den Regierungschef / die Regierungschefin
des Stadtstaates Bremen?

Regierender Bürgermeister / Regierende Bürgermeisterin.

010   Welchen Senator / welche Senatorin hat Bremen nicht?

Senator / Senatorin für Außenbeziehungen.

Die länderspezifischen Fragen

Länderspezifische Fragen für das Bundesland Hamburg

001   Welches Wappen gehört zum Bundesland Hamburg?
(Siehe Abbildungen im Anhang des Fragenkataloges)

2.

002   Welches ist ein Bezirk von Hamburg?

Altona.

003   Für wie viele Jahre wird das Landesparlament in Hamburg
gewählt?

4.

004   Ab welchem Alter darf man in Hamburg bei Kommunalwahlen (Wahl der Bezirksversammlungen) wählen?

18.

005   Welche Farben hat die Landesflagge von Hamburg?

weiß-rot.

006   Wo können Sie sich in Hamburg über politische Themen
informieren?

bei der Landeszentrale für politische Bildung.

007   Welches Bundesland ist ein Stadtstaat?

        Hamburg.

008   Welches Bundesland ist Hamburg?
        (Siehe Landkarte im Anhang des Fragenkataloges)

        3.

009   Wie nennt man den Regierungschef / die Regierungschefin
        des Stadtstaates Hamburg?

        Erster Bürgermeister / Erste Bürgermeisterin.

010   Welchen Senator / welche Senatorin hat Hamburg nicht?

        Senator / Senatorin für Außenbeziehungen.

Länderspezifische Fragen für das Bundesland Hessen

001   Welches Wappen gehört zum Bundesland Hessen?
(Siehe Abbildungen im Anhang des Fragenkataloges)

        1.

002   Welches ist ein Landkreis in Hessen?

        Main-Taunus-Kreis.

003   Für wie viele Jahre wird der Landtag in Hessen gewählt?

        5.

004   Ab welchem Alter darf man in Hessen bei Kommunalwahlen
wählen?

        18.

005   Welche Farben hat die Landesflagge von Hessen?

        blau-weiß-rot.

006   Wo können Sie sich in Hessen über politische Themen
informieren?

        bei der Landeszentrale für politische Bildung.

007   Die Landeshauptstadt von Hessen heißt …

        Wiesbaden.

008   Welches Bundesland ist Hessen?
        (Siehe Landkarte im Anhang des Fragenkataloges)

        3.

009   Wie nennt man den Regierungschef / die Regierungschefin in
        Hessen?

        Ministerpräsident / Ministerpräsidentin.

010   Welchen Minister 7 welche Ministerin hat Hessen nicht?

        Außenminister / Außenministerin.

**Länderspezifische Fragen für das Bundesland
Mecklenburg-Vorpommern**

001   Welches Wappen gehört zum Bundesland Mecklenburg-Vor-
       pommern?
       (Siehe Abbildungen im Anhang des Fragenkataloges)

       3.

002   Welches ist ein Landkreis in Mecklenburg-Vorpommern?

       Demmin.

003   Für wie viele Jahre wird der Landtag in Mecklenburg-Vorpom-
       mern gewählt?

       5.

004   Ab welchem Alter darf man in Mecklenburg-Vorpommern bei
       Kommunalwahlen wählen?

       18.

005   Welche Farben hat die Landesflagge von Mecklenburg-Vor-
       pommern?

       blau-weiß-gelb-rot.

006   Wo können Sie sich in Mecklenburg-Vorpommern über politi-
       sche Themen informieren?

       bei der Landeszentrale für politische Bildung.

007   Die Landeshauptstadt von Mecklenburg-Vorpommern heißt …

       Schwerin.

008   Welches Bundesland ist Mecklenburg-Vorpommern?
       (Siehe Landkarte im Anhang des Fragenkataloges)

       3.

009   Wie nennt man den Regierungschef / die Regierungschefin in
       Mecklenburg-Vorpommern?

       Ministerpräsident / Ministerpräsidentin.

010   Welchen Minister / welche Ministerin hat Mecklenburg-Vor-
       pommern nicht?

       Außenminister / Außenministerin.

Länderspezifische Fragen für das Bundesland Niedersachsen

001 Welches Wappen gehört zum Bundesland Niedersachsen? (Siehe Abbildungen im Anhang des Fragenkataloges)

3.

002 Welches ist ein Landkreis in Niedersachsen?

Ammerland.

003 Für wie viele Jahre wird der Landtag in Niedersachsen gewählt?

5.

004 Ab welchem Alter darf man in Niedersachsen bei Kommunalwahlen wählen?

18.

005 Welche Farben hat die Landesflagge von Niedersachsen?

rot-weiß.

006 Wo können Sie sich in Niedersachsen über politische Themen informieren?

beim Koordinator für politische Bildung im Kultusministerium.

007   Die Landeshauptstadt von Niedersachsen heißt …

Hannover.

008   Welches Bundesland ist Niedersachsen?
(Siehe Landkarte im Anhang des Fragenkataloges)

1.

009   Wie nennt man den Regierungschef / die Regierungschefin in
Niedersachsen?

Ministerpräsident / Ministerpräsidentin.

010   Welchen Minister / welche Ministerin hat Niedersachsen
nicht?

Außenminister / Außenministerin.

Länderspezifische Fragen für das Bundesland Nordrhein-Westfalen

001   Welches Wappen gehört zum Bundesland Nordrhein-Westfa-
        len?
        (Siehe Abbildungen im Anhang des Fragenkataloges)

        2.

002   Welches ist ein Landkreis in Nordrhein-Westfalen?

        Rhein-Sieg-Kreis.

003   Für wie viele Jahre wird der Landtag in Nordrhein-Westfalen
        gewählt?

        5.

004   Ab welchem Alter darf man in Nordrhein-Westfalen bei Kom-
        munalwahlen wählen?

        18.

005   Welche Farben hat die Landesflagge von Nordrhein-Westfa-
        len?

        grün-weiß-rot.

006   Wo können Sie sich in Nordrhein-Westfalen über politische Themen informieren?

bei der Landeszentrale für politische Bildung.

007   Die Landeshauptstadt von Nordrhein-Westfalen heißt …

Düsseldorf.

008   Welches Bundesland ist Nordrhein-Westfalen?
(Siehe Landkarte im Anhang des Fragenkataloges)

1.

009   Wie nennt man den Regierungschef / die Regierungschefin in Nordrhein-Westfalen?

Ministerpräsident / Ministerpräsidentin.

010   Welchen Minister / welche Ministerin hat Nordrhein-Westfalen nicht?

Außenminister / Außenministerin.

Länderspezifische Fragen für das Bundesland Rheinland-Pfalz

001   Welches Wappen gehört zum Bundesland Rheinland-Pfalz?
       (Siehe Abbildungen im Anhang des Fragenkataloges)

       1.

002   Welches ist ein Landkreis in Rheinland-Pfalz?

       Westerwaldkreis.

003   Für wie viele Jahre wird der Landtag in Rheinland-Pfalz ge-
       wählt?

       5.

004   Ab welchem Alter darf man in Rheinland-Pfalz bei Kommunal-
       wahlen wählen?

       18.

005   Welche Farben hat die Landesflagge von Rheinland-Pfalz?

       schwarz-rot-gold.

006   Wo können Sie sich in Rheinland-Pfalz über politische The-
       men informieren?

       bei der Landeszentrale für politische Bildung.

007   Die Landeshauptstadt von Rheinland-Pfalz heißt ...

      Mainz.

008   Welches Bundesland ist Rheinland-Pfalz?
      (Siehe Landkarte im Anhang des Fragenkataloges)

      1.

009   Wie nennt man den Regierungschef / die Regierungschefin in
      Rheinland-Pfalz?

      Ministerpräsident / Ministerpräsidentin.

010   Welchen Minister / welche Ministerin hat Rheinland-Pfalz
      nicht?

      Außenminister / Außenministerin.

Die länderspezifischen Fragen

Länderspezifische Fragen für das Bundesland Saarland

001   Welches Wappen gehört zum Bundesland Saarland?
       (Siehe Abbildungen im Anhang des Fragenkataloges)

       4.

002   Welches ist ein Landkreis im Saarland?

       Neunkirchen.

003   Für wie viele Jahre wird der Landtag des Saarlandes ge
       wählt?

       5.

004   Ab welchem Alter darf man im Saarland bei Kommunalwahlen
       wählen?

       18.

005   Welche Farben hat die Landesflagge des Saarlandes?

       schwarz-rot-gold.

006   Wo können Sie sich im Saarland über politische Themen
       informieren?

       bei der Landeszentrale für politische Bildung.

007   Die Landeshauptstadt des Saarlandes heißt …

        Saarbrücken.

008   Welches Bundesland ist das Saarland?
        (Siehe Landkarte im Anhang des Fragenkataloges)

        2.

009   Wie nennt man den Regierungschef / die Regierungschefin
        des Saarlandes?

        Ministerpräsident / Ministerpräsidentin.

010   Welchen Minister / welche Ministerin hat das Saarland nicht?

        Außenminister / Außenministerin.

Die länderspezifischen Fragen

Länderspezifische Fragen für das Bundesland Sachsen

001   Welches Wappen gehört zum Bundesland Sachsen?
       (Siehe Abbildungen im Anhang des Fragenkataloges)

       4.

002   Welches ist ein Landkreis in Sachsen?

       Vogtlandkreis.

003   Für wie viele Jahre wird der Landtag in Sachsen gewählt?

       5.

004   Ab welchem Alter darf man in Sachsen bei Kommunalwahlen
       wählen?

       18.

005   Welche Farben hat die Landesflagge von Sachsen?

       weiß-grün.

006   Wo können Sie sich in Sachsen über politische Themen
       informieren?

       bei der Landeszentrale für politische Bildung.

007   Die Landeshauptstadt von Sachsen heißt ...

       Dresden.

008   Welches Bundesland ist Sachsen?
       (Siehe Landkarte im Anhang des Fragenkataloges)

       4.

009   Wie nennt man den Regierungschef / die Regierungschefin in
       Sachsen?

       Ministerpräsident / Ministerpräsidentin.

010   Welchen Minister / welche Ministerin hat Sachsen nicht?

       Außenminister / Außenministerin.

Länderspezifische Fragen für das Bundesland Sachsen-Anhalt

001   Welches Wappen gehört zum Bundesland Sachsen-Anhalt?
        (Siehe Abbildungen im Anhang des Fragenkataloges)

        4.

002   Welches ist ein Landkreis in Sachsen-Anhalt?

        Börde.

003   Für wie viele Jahre wird der Landtag in Sachsen-Anhalt ge
        wählt?

        5.

004   Ab welchem Alter darf man in Sachsen-Anhalt bei Kommunal-
        wahlen wählen?

        18.

005   Welche Farben hat die Landesflagge von Sachsen-Anhalt?

        gelb-schwarz.

006   Wo können Sie sich in Sachsen-Anhalt über politische The-
        men informieren?

        bei der Landeszentrale für politische Bildung.

007   Die Landeshauptstadt von Sachsen-Anhalt heißt …

Magdeburg.

008   Welches Bundesland ist Sachsen-Anhalt?
(Siehe Landkarte im Anhang des Fragenkataloges)

3.

009   Wie nennt man den Regierungschef / die Regierungschefin in
Sachsen-Anhalt?

Ministerpräsident / Ministerpräsidentin.

010   Welchen Minister / welche Ministerin hat Sachsen-Anhalt
nicht?

Außenminister / Außenministerin.

Länderspezifische Fragen für das Bundesland Schleswig-Holstein

001   Welches Wappen gehört zum Bundesland Schleswig-Hol
       stein?
       (Siehe Abbildungen im Anhang des Fragenkataloges)

       3.

002   Welches ist ein Landkreis in Schleswig-Holstein?

       Nordfriesland.

003   Für wie viele Jahre wird der Landtag in Schleswig-Holstein
       gewählt?

       5.

004   Ab welchem Alter darf man in Schleswig-Holstein bei Kommu-
       nalwahlen
       wählen?

       18.

005   Welche Farben hat die Landesflagge von Schleswig-Holstein?

       blau-weiß-rot.

Einbürgerungstest

006 Wo können Sie sich in Schleswig-Holstein über politische
Themen informieren?

bei der Landeszentrale für politische Bildung.

007 Die Landeshauptstadt von Schleswig-Holstein heißt …

Kiel.

008 Welches Bundesland ist Schleswig-Holstein?
(Siehe Landkarte im Anhang des Fragenkataloges)

1.

009 Wie nennt man den Regierungschef / die Regierungschefin in
Schleswig-Holstein?

Ministerpräsident / Ministerpräsidentin.

010 Welchen Minister / welche Ministerin hat Schleswig-Holstein
nicht?

Außenminister / Außenministerin.

Die länderspezifischen Fragen

Länderspezifische Fragen für das Bundesland Thüringen

001   Welches Wappen gehört zum Bundesland Thüringen?
       (Siehe Abbildungen im Anhang des Fragenkataloges)

       4.

002   Welches ist ein Landkreis in Thüringen?

       Wartburgkreis.

003   Für wie viele Jahre wird der Landtag in Thüringen gewählt?

       5.

004   Ab welchem Alter darf man in Thüringen bei Kommunalwah-
       len wählen?

       18.

005   Welche Farben hat die Landesflagge von Thüringen?

       weiß-rot.

006   Wo können Sie sich in Thüringen über politische Themen
       informieren?

       bei der Landeszentrale für politische Bildung.

007   Die Landeshauptstadt von Thüringen heißt ...

       Erfurt.

008   Welches Bundesland ist Thüringen?
       (Siehe Landkarte im Anhang des Fragenkataloges)

       2.

009   Wie nennt man den Regierungschef / die Regierungschefin in Thüringen?

       Ministerpräsident / Ministerpräsidentin.

010   Welchen Minister / welche Ministerin hat Thüringen nicht?

       Außenminister / Außenministerin.

Baden-Württemberg	Bremen
Bayern	Hamburg
Berlin	Hessen
Brandenburg	Mecklenburg-Vorpommern

Niedersachsen	Sachsen
Nordrhein-Westfalen	Sachsen-Anhalt
Rheinland-Pfalz	Schleswig-Holstein
Saarland	Thüringen